ムカシのミライ

Processual Archaeology vs. Post-Processual Archaeology

プロセス考古学とポストプロセス考古学の対話

阿子島香　監修　溝口孝司

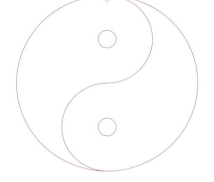

勁草書房

はじめに

井原泰雄

本書のテーマは考古学である。考古学者、阿子島香、溝口孝司両氏の対談、および中尾央、大西秀之、菅野智則、三中信宏各氏の論考は、プロセス考古学とポストプロセス考古学の「対立」を軸に展開する。私の立場は、一読者ということになるのだけれども、特に、考古学をよく知らない読者の代表である。ちなみに、「対立」については、見たことも聞いたこともなかった。

門外漢としてこの対談を聴講し、また改めて本書に目を通してみると、意外にも、ピンと来るところが多い。これは、語られている問題が、必ずしも考古学に限ったことではなく、「人間の科学」全般に深くかかわるものだからだと思う。実のところ、考古学は本書の舞台装置なのだ、とさえ言えるかもしれない。議論の成り行きをよく咀嚼するためには、ときには、読者それぞれの興味に応じた舞台の置き換えをしてみても良さそうだ。そういう自由が許されるとして、私は、舞台を時間軸方向に引き延ばし、人間の進化について考えてみたい。

人間は進化の産物である。私はこのことを少しも疑っていない。ところが、なぜ疑わないのかと問われると、返答に窮してしまう。

もちろん、ヒトが類人猿と近縁な動物であること、かつて地球上にわれわれと異なるさまざまな人類が存在したことについては、化石記録やゲノム情報を含む強力な客観的証拠がある。ヒトと他の動物との連続性に、疑問を差し挟む余地はない。

一方で、現在の科学は、「人間」と「動物」を隔てるもの、言い換えると、ヒトという動物がもつ性質のうちで、ヒトを、他のすべての動物と質的に異なる独特な存在と感じさせるもの（以下では「人間性」と呼ぶ）について、それらがいったいどこから来たのかを、十分に説明できないでいる。たとえば、なぜ人間は、そして人間だけが、言語を操るようになったのか。

これほどまでに本質的な問いに答えが与えられていない以上、現在の生物進化の理論には、ぽっかりと大きな穴が開いていると言える。人間の進化をめぐる私の確信が根拠を欠くように思えるのは、このような理由からだ。さて、この科学的空白を、どうすれば埋められるだろうか。

本書の議論を踏まえるなら、まず、この空白が、はたして埋められうる類のものなのかどうかについて、根本的な意見の不一致があることを意識する必要がある。埋められうるとすれば、ゆくゆくはわれわれがそこに至るような、何らかの客観的知識というものがあることになる。一方で、われわれの認識は真に客観的ではありえないから、そのような客観的知識の存在を前提にするのは、楽観的にすぎるのかもしれない。

私はどうかと言えば、この空白が今後埋められるであろうことを、やはり根拠はないけれども、疑ってはいない。そして考古学は、この大事業を成し遂げるうえでのキープレイヤーだと思う。過去の人類の人間性は、考古遺物の中で化石化している。人工物の機能、様式、伝播、変遷などにおいて、何らかの法則性が見られるとすれば、それは作り手である当時の人類によって生み出されたものだからだ。人間性の起源を解き明かすための最も直接的な証拠を握っているのは、何と言っても、考古学である。これをあっさりと手放すようなことがあってはいけないと思う。

空白が埋められ、「人間」と「動物」との間の垣根が本当に取り払われる日が来たとき、われわれは何かを失うのだろうか。なかなか想像が難しいけれども、ひょっとすると、われわれの価値観、倫理観に、とてつもなく重大な変化をきたすことになるのかもしれない。もしもその変化が誰かを不幸にするなら、科学者はその責任を負うのだろうか。それとも、科学者の責務は、事実と価値が独立であること、つまり、「…である」と「…べきである」が同じでないことを辛抱強く説き続けることで、果たされるのだろうか。もっとも、そもそも劇的な変化など起こりはしないという気もする。詰まるところ、光や音の正体を知ったところで、色彩や旋律の魅力が減じることはなかったのだから。

以上は、考古学をよく知らない一読者が、読後の思いつきを書き散らしたものであり、本書の要約にも解説にもなっていない。ただ、ひとつ明らかなことは、本書を楽しむために、読者は考古学者である必要はないということだ。考古学はもちろん、人間の科学の本質をめぐる今日的議論に関心をもつ読者に、この本を推薦する。

目　次

第1章　考古学理論との対峙
——プロセス考古学とポストプロセス考古学をなぜ議論するのか

中尾　央

1　導入

プロセス考古学、そしてプロセス考古学に対する反動としてのポストプロセス考古学そのものの内容については、本書の中核をなす対談、そしてそれぞれの旗手たるルイス・R・ビンフォードとイアン・ホダーの文化的直系子孫である阿子島香・溝口孝司両氏によるさまざまな解説があり（e.g., 阿子島 1983, 1986; 溝口 1991, 1997a, 1997b）、それ以外にも優れた解説がいくつか挙げられる（e.g., 後藤 1983, 1984; 佐々木 1990）。さらに日本語以外の文献であれば山のようにそうした解説が存在し、また哲学的考察もいくつか散見される（Johnson 2006; O'Brien *et al.* 2005; Salmon 1982; Trigger 2006 [2015]; Wiley & Sablof 1993 [1979]; Wiley 2002）。したがって、本章でもわざわざその内容を解説したり、また哲学的分析を繰り返したりする必要はないだろう。もちろんまったくの説明なしに議論を進めるのは不親切でしかないので、それぞれについて簡単な概説を行おう。

本章の目的は、本書の中核をなす対談の背景、そしてその対談の意図を明確にすることである。そのため、本章ではプロセス考古学、そしてポストプロセス考古学という二つの理論的アプローチが特に日本においてどのように受け止められ、またそのように受け止められてきたのはなぜかを考察する。具体的には、第2節でプロセス考古学、第3節でポストプロセス考古学のそれぞれに対し、日本考古学がどのようにかかわってきたかを概観し、第4節において対談の目的、すなわちなぜ今日本で、プロセス考古学とポストプロセス考古学の対談を行う必要があるのかについて、確認する。

2 プロセス考古学と日本考古学

プロセス考古学は、冒頭でも触れたようにルイス・R・ビンフォードを中心に展開され、文化の動的な変化プロセスをある種の科学的手法によって説明しようとする、考古学上の理論的・実践的アプローチである。[1] このプロセス考古学が登場する以前は、考古遺物のパターンからの文化集団の同定や伝播過程の解明など、文化史の記述が主な目的になっており、その文化集団の形成過程や伝播過程についての説明はそれほど重視されていなかった。ビンフォードが「人類学としての考古学」(1962) で一つの主眼においたのが、この「説明」である。

また、文化そのものの見方も従来とは異なっていると言われる。プロセス考古学の登場以前、特に考古学においては、文化が外的環境に対する適応である、といった機能主義的見方はそれほど広まっていなかった。プロセス考古学においては、さまざまな文化が一つのシステムとして機能しながら、外的環境に対する適応として機能的な意義を持っていると考えられている (特に Binford 1965)。

このプロセス考古学は「科学的」なアプローチとみなされることが多く (e.g. 穴沢 1985; 都出 1986)、ビンフォード自身、カール・ヘンペルという科学哲学者の議論に影響を受け、考古学における科学的な説明、特に仮説演繹法に基づく説明を目指していた（Binford 1962, 1968; Hempel 1965）[2]。すなわち、考古学的事象の説明に対して何らかの普遍的な命題を立て、その命題からテスト可能な仮説を演繹する。次に、演繹された仮説を現実の事象に照らし合わせてテストし（このテストの際に統計的手法や後述する民族学的手法が採用される）、仮説が正しいかどうかが確かめられる。仮説が正しいことがわかれば、その背後にある普遍的な命題が正しい可能性も高くなる。ビンフォードはこうした一連の手続きを、考古学においても保証しようとしていたのである（特にBinford 1968, pp. 16-20を参照）。

　しかし、もちろんのことながら、人間の文化変化プロセス全般に関して普遍的命題を求めようとするのはかなり困難であり、ビンフォードのアイディアはさまざまなかたちで批判されてきた（e.g. Salmon 1982; Wylie 2002）。ビンフォードもこうした批判を受け、高次の普遍的説明ではなく、各種の（静的な）考古学的記録が、過去の（動的な）人間行動からどのように形成されうるのかについての、ミドルレンジ・セオリー（中範囲理論）を探求することへと焦点を移していった（阿子島 1983, pp. 180-181）。

　このプロセス考古学が登場し、アメリカで大きな影響力を持ったのは一九六〇年代半ばから一九七〇年代のことである。阿子島（阿子島 1983, p. 171; Thomas 1979, p. 56）がその影響力を的確に示す、次のような引用を行っている。「君はニューアーケオロジスト（＝プロセス考古学者）か、オールドアーケオロジストか、でないなら何なんだ、決心をつけろ！」。このような表現が考古学の概説書に見られる程度には、プロセス考古学は強い影響力を誇っていたのである。

　これだけでなく、アメリカでプロセス考古学がどれだけ広がったかは、各種文献を見れば明らかである。M・J・オブライエンら（O'Brien *et al.* 2005, p. 52）は一九九四年に行われたあるアンケートの結果を示しているが、このアンケートは自身がどの学派に属するかをアメリカの考古学者に問うたものである。その結果、二〇～三〇代の考古学者は、四〇％近くが自身をプロセス学派と回答している。その他の学派としては文化史（Culture History）、文化生態学（Culture Ecology）、ポストプロセス学派（Postprocessual）が設定され、いずれもプロセス学派の半分程度、二〇％前後の研究者が自身をそれぞれ別のカテゴリーに分類する。また、B・G・トリガー（Trigger 2006, p. 407 邦訳 p. 294）による次の文章も興味深い。「歴史的問題として問うべきなのは、アメリカの若き考古学者に対し、ビンフォードのアプローチはどうしてここまで力強くアピールしたのか[3]」であるという。このように、プロセス考古学がアメリカである種支配的な立場にあったことは、もはや否定しようがない。

しかし、日本ではまったくちがった。たとえば、阿子島が日本でプロセス考古学に触れ始めたのは彼がビンフォードの元に留学した後の一九八〇年代前半以降だが、それよりも前に、プロセス考古学に正面から向き合った研究はほぼ皆無と言ってよい状態が続いていた。

このような中、プロセス考古学を正面から取り上げた初めての論考は、安斎（1990）が指摘するように、おそらく藤本（1976）である。藤本は旧石器時代の石器研究に関する方法論的考察において、批判的な検討を加味しつつも、一定の理解を示しながらビンフォードが展開していたアプローチ（特にムスティエ文化に属する石器群の因子分析）を紹介している。これは後年の藤本（1985）でも同様である（たとえば pp. 25–28）。

しかし、藤本や阿子島の紹介を除けば、そして一九六〇年代後半から八〇年代前半までを振り返ってみれば、日本考古学はプロセス考古学を真正面から顧みることはほとんどなかったと言ってよいだろう。たとえば、日本考古学の代表的雑誌である『考古学雑誌』や『考古学研究』に掲載された一九六〇～一九八〇年頃の論文を見ても、（筆者の調査が正しければ）プロセス考古学、もしくはニュー・アーケオロジーといった言葉はまったく見つからない。この時期に日本語でプロセス考古学に触れているように見受けられるものは、新聞記事である田中（2015［1966］）、『考古学ジャーナル』における井川（1972）、鈴木（1973）などの紹介記事や、また翻訳のあとがきで大貫（1979）が書いた簡単な紹介などである。これらの記事・紹介の年代からもわかるように、おそらくアメリカにおけるプロセス考古学の興隆については、日本の研究者も遅くとも七〇年代にはある程度意識していたと推測される（e.g. Tsude 1995）。しかし、田中（2015［1966］）は新聞記事という性格からか、プロセス考古学という名前に触れることなく、対岸の火事を見ているような文章でしかない。また井川（1972）や鈴木（1973）の紹介もあくまで「アメリカの動き」を紹介したものであるし、大貫（1979）もまた訳書の内容の解説であり、日本とのかかわりについてそこまで具体的に論じられているわけではない[4]。

しかし一九八〇年代半ばになると、これも安斎（1990）が指摘するように、多くの研究者がプロセス考古学に対して、しかも批判的に言及するようになった。たとえば穴沢（1985）の論考はその最たるものであり、プロセス考古学を断罪する論文である。しかし実際のところ、多くの研究者は批判的ながらも、もう少しうまく、プロセス考古学を乗り越えよう、あるいは取り込もうとしていたように見える。たとえば横山（1985, pp. 8-9）は、プロセス考古学における「歴史」の理解が貧困であることを指摘し、歴史学としての考古学を強調する日本考古学において、目的とされる「歴史」はプロセス考古学が目指す「プロセス」と同義であると述べる。後藤（1984）もまた、プロセス考古学の手法や理論的背景に批判的な検討を加えつつも、その成果に対して一定の評価を行い、今後の可能性を見出している。こうした記述からは、この時点で、プロセス考古学はすでに乗り越えるべきものとみなされていた可能性が推測される。それはおそらく、八〇年代半ばともなれば、後述するポストプロセス考古学の動きが無視できない時期にさしかかっていたからだろう。

もちろん、プロセス考古学がまったく好意的に扱われなかったわけでもない。実のところ民族考古学（ethnoarchaeology）というかたちで、プロセス考古学は日本考古学の中に根づいたと言えるかもしれない。民族考古学とは、ごく大雑把にいえば、民族誌のデータを参考に考古学的考察を行う分野である。たとえばビンフォードの弟子の一人であるW・A・ロングエーカーが行った、プエブロ族の土器に関する研究がよい例としてあげられるだろう（Longacre 1964, 1970; 小林・谷 1998）。この民族考古学は日本考古学の中でも一定の地位を獲得し、さまざまな研究が行われてきている（e.g., 安斎 1998; 民族考古学研究会編 1998）。それはたとえば『物質文化』という、民族考古学を一つの大きな柱に据えた雑誌が存在することからも明らかだろう。

こうした民族考古学は、たしかにプロセス考古学が発展する中で登場してきたアプローチである。先述したロングエーカーの研究は「プロセス考古学の方法による土器研究の代表例の一つとみなされて」いるし（小林・谷 1998, p. 45）、後藤（2001）の序文において「民族考古学とニューアーケオロジーは同一視された時期もあった」と植木も述べているように、プロセス考古学が日本考古学の中にうまく導入されたケースとして、民族考古学を挙げることが可能かもしれない。

ただ注意すべきなのは、日本考古学におけるこうした民族考古学的アプローチは、ビンフォードよりも渡辺仁という別の先駆者からの影響がより強いという点である。安斎（1989, 1998a, 1998b）が指摘するように、東京大学理学部・文学部の助教授・教授であった渡辺仁は、プロセス考古学とは独立に、特にアイヌ民族のデータを用いながら、民族誌データを用いた考古学的考察を行うようになっていた。そして、現在日本考古学の中で民族考古学に携わる多くの研究者が、この渡辺仁の影響を強く受けている。赤澤威の研究などは、その早い例の一つだろう（Akazawa 1969; 赤澤 1983）。

ここまでの議論を要約しておこう。プロセス考古学が日本考古学に導入され、また根づいたとすれば、それは民族考古学としての導入であり、一部を除けば、ビンフォードがムスティエ文化の石器で行っていたような数理的アプローチはほとんど定着せず、[5] ヘンペル流の科学的説明の探求などといった目的はまったく共有されなかったのである。しかし、日本で広まった民族考古学の動きは、必ずしもプロセス考古学の影響を直接受けたものではなく、むしろ渡辺仁という別のルートからの影響が強かった可能性が指摘できる。すなわち、プロセス考古学が日本考古学に与えた影響は、（少なくとも現時点で）アメリカほどに根本的なものでなかったと考えてよいだろう。

3　ポストプロセス考古学と日本考古学

ではポストプロセス考古学はどのように受け止められたのだろうか。結論から言えば、おそらくプロセス考古学よりは好意的に受け止められた一方、それでもやはり、日本考古学の中でポストプロセス考古学の主張内容が浸透しているかと言えば、やはりそうとは言い切れない状況であると考えられる。

まずはポストプロセス考古学のごく簡単な概要から確認しておこう。しかし注意すべきなのは、第2章の対談でも触れられているとおり、ポストプロセス考古学は決して一枚岩ではないという点である。それどころか、この流れに属する研究者ごとに、その主張内容はかなりの違いがみられる。たとえば一般にポストプロセス考古学を担う研究者の一人とみなされている、マイケル・シャンクスやクリストファー・ティリーなどは、考古学における客観的な歴史の検証・再構築といった目的に関して、その大部分を放棄してしまっているように見える（e.g., 安斎 1996; 穴沢 1988; Shanks and Tilley 1987）。もちろんこれは非常に過激なタイプの主張であり、近年のイアン・ホダーのように、より穏健なかたちで、ある種の科学的アプローチと親和的なポストプロセス考古学のかたちを提案する場合もある（Hodder 2012）[6]。実際、こうした現在の多様性もまた、ポストプロセス考古学が目指す目標の一つでもある。

このポストプロセス考古学は、名前の通り、プロセス考古学へのアンチテーゼ・批判として始まったアプローチである。プロセス考古学におけるビンフォードほどに中心的な役割を果たした研究者はいないかもしれないが、それでもやはり、イアン・ホダーという人物をその中心に据えることに大きな異論はないだろう。ホダーはもともとプロセス考古学の影響を受け、数理的なアプローチに基づく空間分析などを主な研究対象にしていたが（Hodder and Olton 1976）、こうした分析を行う中でそのアプローチの問題点に気づき始め、先述した民族考古学的調査でアフリカに赴いた経験が決定的なきっかけとなって、ポストプロセス考古学的研究を始めるようになったという（Balter 2006; Hodder 1982; 後藤 1983）。ただし、ホダーをポストプロセス考古学の中心的人物と考えたとしても、話はまだやっかいである。ホダーの主張そのものが時代ごとに徐々に変化してきているからだ。この点はビンフォードと同様である。

では一九八〇年代から現時点までの全体を通して、ポストプロセス考古学はどのような議論を展開してきたのだろうか。まず、ポストプロセス考古学では機能的観点から説明しきれない、文化のある側面が重視されてきた。それが意味であり、文脈である。現在のわれわれからすれば単なる石にしか見えない遺物に対し、過去のある集団の人々は、神的意味合いをもたせていたかもしれない。しかし、現在のわれわれが過去の文脈を無視し、その石を現在の視点からそのまま理解しようとすれば、当然その対象は「ただの石」にしかならない。このような意味・文脈を理解するには、現在のわれわれという視点から離れなければならないが、われわれが完全に現在の視点を捨て去ることは困難であり、解釈にはどこか必ず、現在のわれわれの視点が反映されてしまう。これは時間軸だけに限った話ではなく、地域的特性もかかわってくる。実際、時代、地域、そして性別など、さまざまな要因が解釈に影響を与える。

実際、ポストプロセス考古学者は（おそらくその多くが）「現在が過去を創り出す」（Hodder 1991, p. 31: 安斎 2004）ことを認めている。[7] しかし問題は、過去を創り出す現在が、人によって大きく異なるかもしれない、という点である（e.g., Hodder 1992）。たとえば、考古学者間であればおおよその一致を見るかもしれないが、考古学者以外、さらには研究者以外の人であればどうなるだろうか。実際、欧米や日本の考古学者が、アフリカやオセアニア、メソアメリカなどの考古学調査・研究を行う場合、現地の人々と異なる視点で過去を理解しようとする可能性は少なくないだろう（Hodder and Hutson 2003）。

こうした理論的主張を考古学的実践に移せば、過去の理解は現在のわれわれの視点を反映したものにすぎず、客観的な理解などありえないというシャンクスやティリー的なアプローチもありうるだろうし、また第2章で溝口が指摘するように、データによる反証可能性を一定のかたちで保証したうえで、解釈を行うというアプローチも可能だろう。[8] また考古学者以外の視点という点でいえば、パブリック・アーケオロジー（public archaeology）や先住民／コミュニティ考古学（indigenous / community-based archaeology）というアプローチも可能だろう（e.g. Atalay 2012; 松田 2014）。実際、松田（2014, pp. 2-3）が認めるように、近年注目されているパブリック・アーケオロジーには、ポストプロセス考古学の理論的主張が大きな影響を与えている。

上記のようなポストプロセス考古学が大きな影響力を持ち始めたのは、一九八〇年代半ば以降である。グーグル・スカラー（Google scholar）を調べてみれば、ビンフォードがプロセス考古学を最初に提唱した一九六二年の論文が一九九〇回引用されているのに対して、ホダーによる同様の位置付けにある一九八二年の著作も同様に一八九九回引用され（二〇一七年一〇月一一日時点）、プロセス考古学と同様、各種の概説書でも必ずと言っていいほどポストプロセス考古学の項目が立てられている（e.g. Johnson 2006; Trigger 2006）。このように、（もちろん国によって多少の違いはあるとはいえ）その影響力はプロセス考古学と同様、世界的に非常に大きなものであったと考えてよいだろう。

では日本ではどうだろうか。一見、プロセス考古学よりは広く紹介され、導入されている。たとえばホダーが来日した際、それを記念する特集企画が組まれたり（慶應義塾大学民族学考古学研究室「民族考古」編集委員会 1997）、ビンフォードの場合とは異なり、ホダーの著作は邦訳されたりしている（Hodder and Olton 1976［深沢 1987］; Hodder 1991b［深沢 1997］）。[9] またプロセス考古学が興隆した時期とは異なり、一九八〇年代以降、海外で学位をとって日本で研究を続ける研究者も徐々に増えてきた。こうした流れを見れば、日本におけるポストプロセス考古学は、プロセス考古学より恵まれた状況にあると考えられるだろう。

さらに、日本の大学や考古学を取り巻く現状も関係しているかもしれない。日本の考古学は大学の研究者だけでなく、県や市町村の教育委員会に所属する行政職員によって支えられてきた。こうした行政関係者からすれば、地域と考古学の関係を考えようとするパブリック・アーケオロジーの動きは、ある種当然のものと受け止められるだろう。さらに、日本考古学の中でもこうした市民と考古学の関係は、非常に古くから意識されてきた。そもそも発掘作業は市民所有の土地を対象とする場合も少なくないし、遺跡の保護・保全は地域と連携して解決しなければならない問題である。こうした問題意識から、日本考古学でも市民・社会と考古学研究の関係は常に意識されている（岩崎・高橋 2007; 考古学研究会 2014; 近藤 1991, 2001）。この流れは当然、社会貢献を強く求められる昨今の大学において、また別の意味で意識されるようになってきたと考えられる。しかし、こうした背景は、プロセス考古学における民族考古学の場合と同様、必ずしもポストプロセス考古学に端を発してはいない点には注意が必要である。パブリック・アーケオロジー的営みを受け入れる土壌があったとしても、だからといってその背後にあるポストプロセス考古学がそのまま受け入れられているわけではない。

実際、ポストプロセス考古学も、その理論的主張がそこまで広く日本考古学の中に浸透しているとは言えない。プロセス考古学と同様、方法論に触れている概説書などを除けば、各種雑誌で発表された個別研究において、ポストプロセス考古学への直接的な言及がなされることはあまりない。結局のところ、プロセス考古学よりは好意的であるように見えるとはいえ、プロセス考古学の場合と同様、理論としてのポストプロセス考古学に対して、日本考古学はほとんど真正面から向き合ってこなかったと考えられる。

4 対談：プロセス考古学とポストプロセス考古学

前節までに、理論としてのプロセス考古学とポストプロセス考古学が、日本考古学においてほとんど直視されてこなかったということを論じてきた。この点は、多くの論者が認めており、その理由を日本考古学の特質、すなわちモノへのこだわりとそこからの帰納的推論、そして理論への忌避に求めている。

日本考古学の特色である精密な技術をより精密にし、より精緻な帰納的推論を積み重ねることによって、この難関を突破できるであろうか。（横山 1985, p. 14）

他の科学、特に自然科学の分野では戦後たちまちにして、アメリカの強い影響を受けたが、考古学の世界は、ほとんど影響を受けていない……その方法論は、間歇的に外からの影響を受けながらも、いわば独自に発達させたものだといってよいであろう。遺物に対する綿密な観察と、記録のための高い技術、遺跡保存への献身は、日本の考古学者の特記すべき長所でありながら、理論に対する拒否的・閉鎖的傾向もまた併せもっていると思われるのである。（金関 1985, p. 335）

「日本考古学」と「外国考古学」との二分化と日本考古学は特殊であるとの通念、そして「考古学プロパー」つまりモノの強調、こうしたことが理論考古学の進展を阻止してきた。（安斎 2004, p. 77）

そしてこれらの著者に共通するのが、上記文面からもある程度わかるように、理論に対する閉鎖的傾向、日本考古学が日本考古学の中で閉じていることに対する、ある種の危惧、もしくは疑問である。引用した文献の年代からも明確なように、こうした危惧・疑問は今に始まったことではない。数十年も前から主張されてきた。もちろん昔に比べれば多少なりとも状況は改善されているだろうが、結局のところ、日本考古学において、こうした危惧・疑問が広く共有されているとは言いがたいか、あるいは、もしある程度共有されていたとしても、それが意識的に論じられるような機会はほとんどないように思われる。実際、大局的な視点から考古学を考える機会など、たとえば年配の研究者による記念講演や数巻にわたる概説書を編纂するような特別な機会を除けば、滅多にないのが現状だろう。

さらに、世界的に見れば、一九八〇年代から一九九〇年代にかけて大きな影響力を持ったポストプロセス考古学自体にも、かなりの批判が蓄積されてきている（e.g. 松田 2014, pp. 12-14; Bintliff 2011, pp. 8-9）。いわば世界的に、考古学はどのような姿を志向すべきかが問われているのである。そうした動きのもう一つの例として、二〇一一年に出版された『考古学理論の死』（*The dearth of archaeological theory?*）という、二〇〇六年に開催された同名のシンポジウムの内容をまとめた書籍を挙げておこう。この書籍はそのタイトル通り、ここまで概観してきたプロセス考古学やポストプロセス考古学といった理論的アプローチに関して、それらが考古学にどれほどの実りをもたらしてきたのか、また今後もたらしうるのかを議論したものだ。この論考で（特に本書・本章にとって）重要なのは、考古学理論の今後よりもむしろ、各国で各種の理論がどのように受け止められてきたのか、その現状が述べられている点である。たとえばポストプロセス考古学は本国イギリスで一定の影響力を持ちつつも、結局アメリカではマイノリティでしかないと指摘され（Flannery and Marcus Ch. 3）、ポストプロセスだろうがプロセスだろうが、ドイツやフランスなどアングロ・サクソン系以外の国々での研究内容と乖離しすぎではないかという主張も見られる（Bintliff Ch. 2）。先に触れた日本の現状も、こうした世界的多様性の中で見れば、おおよそ似たような状況かもしれない。

しかしすでに述べたように、他国と異なり、日本では理論（やそれにかかわる議論）が忌避される傾向にある。プロセス考古学を批判してその問題点を明らかにしたうえで、日本考古学がプロセス考古学と距離を取っているというのであれば、その姿勢そのものには何の問題もない。問題は、プロセス考古学にしろポストプロセス考古学にしろ、海外の理論的動向にどう対峙していくのか、その姿勢を明確にせぬまま、曖昧な態度をとり続けていることだろう。理論など都合よく使えるところだけ使っていればよく、そのまま理論の消費者として考古学を続けていく、という選択ももちろん不可能ではない（c.f. Mizoguchi 2015）[10]。ただその路線を自覚的に選択するか、無自覚に暗黙知として受け継いでいくか、それによっても今後の考古学のあり方は大きく変わってしまう。こうした点も含め、理論とどう対峙していくべきなのか、それをプロセス考古学とポストプロセス考古学という、考古学の中でもある意味最もわかりやすい事例に即して考えること、それが本対談と本書全体の目的である。

謝辞

本章の執筆にあたっては、科学研究費若手Ｂ「考古学理論・実践の歴史・哲学的考察に基づく人文学の哲学の基盤構築」（No.16K16685）の支援を受けた。また田村光平氏（東北大学）と溝口孝司氏からも有益なコメントをいただいた。感謝したい。

註

［1］プロセス考古学の概要の再構成に関しては、先ほど挙げた各種文献を参考にしている。

［2］科学的説明に関するヘンペルの議論については、内井（1995）などを参照。当然ながら仮説演繹法はヘンペル自身が提唱したものではなく、彼以前から定式化されてきた説明の形式である。

［3］翻訳がある場合は訳書の該当ページ数も挙げてあるが、訳文は筆者の責任で適宜修正してある。

［4］ただし、ごく簡単ながら、鈴木（1973）はプロセス考古学が示唆するような、歴史に対する科学的アプローチの重要性を示唆している。

［5］もちろん一部の例外はある。石器に関する統計的な分析としては上野（1963）、埴原・岡村（1981）などがある。しかし、これらの研究は非常に限られた例外である。また1980年代以降、日本考古学でも各種の科学的手法が取り入れられるようになってきたが、これらはプロセス考古学の影響を受けたものではない（e.g. Barnes and Okita 1998; Nakao in preparation）。

［6］ホダー（2012）はヒトがモノに働きかけ、またモノがヒトに、そしてモノへと働きかけて、ヒトとモノどうしが相互作用の中で進化してきた、と考えている。ホダーによれば、こうした考え方は、進化学の中で提案されているニッチ構築理論（e.g. Odling-Smee *et al.* 2003）と親和性が強いという。ニッチ構築理論でも、ヒトやその他の動物が、外界に働きかけて新たなニッチを構築し、そのニッチに対する適応形質を進化させてきた、という議論がなされている。ヒトの場合であれば、言語によるコミュニケーションなどがよい例だろう。

［7］当然ながら、過去のさまざまな歴史が現在のわれわれを創り出している、という逆のプロセスも認めている（Hodder 1991, p. 30）。

［8］ホダーはこの立場に近く、彼は基本的に相対主義を取らない（e.g. Hodder and Hutson 2003; Hodder 2012）。

［9］しかし、邦訳に関していえば、これはポストプロセス考古学特有の現象というわけではなく、年代が下るにしたがって、日本における欧米考古学の邦訳書が増えてきたことにも後押しされているだろう（e.g. Renfrew and Bahn 2004; Trigger 2006; Renfrew 2007）。

［10］もちろん、それでは考古学が社会的に責任ある専門分野として成立しえなくなる可能性が高く、早急に理論化の枠組みを意識的に形成しなければならない、というのが溝

口の立場である（Mizoguchi 2006, 対談も参照）。

参考文献

赤澤威．1969.「縄文貝塚魚類の体長組成並びにその先史漁撈学的意味：縄文貝塚民の漁撈活動の復元の関する一試論」『人類学研究』77(4): 154–178

赤澤威．1983.『狩猟採集民の考古学：その生態学的アプローチ』東京：海鳴社

Atalay, S. 2012. *Community-based archaeology: Research with, by, and for indigenous and local communities.* California, CA: University of California Press.

安斎正人．1989.「生態人類と土俗考古：渡辺仁の学問世界」渡辺仁教授古希記念論文集刊行会『考古学と民族誌：渡辺仁教授古希記念論文集』pp. 315–333

安斎正人．1990.『無文字社会の考古学』東京：六興出版

安斎正人．1996.『現代考古学』東京：同成社

安斎正人．1998a.『縄文式生活構造：土俗考古学からのアプローチ』東京：同成社

安斎正人．1998b.「土俗考古学の先駆者たち」『民族考古学序説』pp. 4–21

安斎正人．2004.『理論考古学入門』東京：柏書房

阿子島香．1983.「ミドルレンジセオリー」『芹沢長介還暦記念論文集』東京：東出版寧楽社 , pp. 171–197

阿子島香．1988.「プロセス考古学と社会的背景」『考古学ジャーナル』296: 2–6

穴沢咊光．1985.「『考古学』としての『人類学』（1）：プロセス考古学（ニュー・アーケオロジー）とその限界」『古代文化』37(4): 143–152

穴沢咊光．1988.「象徴考古学への懸念：M.シャンクス・C.ティリィ『考古学の再構築』をめぐって」『古代文化』40(2): 1–21

Batler, M. 2006. *The Goddess and the bull: Çatalhöyük-An archaeological journey to the dawn of civilization.* Calfornia, CA: Left Coast Press.

Barnes, G. & Okita, M. 1999. Japanese archaeology in the 1990s. *Journal of Archaeological Research*, 7(4): 349–395.

Binford, L. R. 1962. Archaeology as anthropology. *American Antiquity*, 28(2): 217–225.

Binford, L. R. 1965. Archaeological systematics and the study of culture process. *American Antiquity*, 31(2): 203–210.

Binford, L. R. 1968. Archaeological perspectives. In L. R. Binford and S. R. Binford (eds.) *New perspectives in archeology*. Chicago, IL: Aldine Transactions, pp. 5–32.

Bintliff, J. & Pearce, M. Eds. 2011. *The death of archaeological theory?* Oxford: Oxbow Press.

Bintliff, J. 2011. The death of archaeological theory? In Bintliff & Pearce (2011), pp. 7-30.

藤本強（編）1976.『日本の旧石器文化（5）：旧石器文化の研究法』東京：雄山閣出版

藤本強 1985.『考古学を考える 方法論的展望と課題』東京：雄山閣出版

後藤明 1983.「『シンボリック・アーケオロジー』の射程：1980年代の考古学の行方」『東京大学文学部考古学研究室研究紀要』2: 293-309

後藤明 1984.「欧米考古学の動向：理論と方法論の再検討を中心に」『考古学雑誌』69(4): 87-137

後藤明 2001.『民族考古学』東京：勉誠出版

埴原和郎・岡村道雄 1981.「墓に副葬された石鏃に関する統計学的検討」『人類学雑誌』89(2): 138-143

Hempel, C. 1965. *Aspects of scientific explanation*. New York: Free Press.

Hodder, I. 1982. *Symbols in action: Ethnoarchaological studies of material culture*. New York: Cambridge University Press.

Hodder, I. 1991a. Postprocessual archaeology and the current debate. In R. W. Preucel (ed.) *Processual and postprocessual archaeologies: Multiple ways of knowing the past* (*Center for Archaeological Investigations, Occasional Paper No. 10*). Carbondale, IL: Board of Trustees, Southern Illinois University, pp. 30-41.

Hodder, I. 1991b. *Reading the past: Current approaches to interpretation in archaeology* (*2nd edition*). 深沢百合子訳『過去を読む：考古学解釈のための最近の研究法（第2版）』東京：フジインターナショナルプレス、1997

Hodder, I. 1992. *Theory and practice in archaeology*. New York: Routledge.

Hodder, I. 2012. *Entangled: An archaeology of the relationships between humans and things*. New York: Wiley-Blackwell.

Hodder, I. and Hutson, S. 2003. *Reading the past: Current approaches to interpretation in archaeology* (*3rd edition*). New York: Cambridge University Press.

Hodder, I. and Orton, C. 1976. *Spatial analysis in archaeology*. Cambridge University Press. 深澤百合子訳『考古学における空間分析』東京：フジインターナショナルプレス、1987

井川史子 1972.「1971年の動向（10）欧米」『考古学ジャーナル』68: 66-71

Ikawa-Smith, F. 1982. Co-traditions in Japanese Archaeology. *World Archaeology*, 13(3) 296-309.

岩崎卓也・高橋龍三郎（編）2007.『現代社会の考古学：現

代の考古学（1）』東京：朝倉書店

Johnson, M. 2006. *Archaeological theory: An introduction (2nd edition)*. New York: Wiley-Blackwell.

金関恕．1985.「世界の考古学と日本の考古学」近藤義郎・横山浩一・甘粕健一・加藤晋平・佐原真・田中琢・戸沢充則（編）『日本考古学（1）：研究法』pp. 301-343, 東京：岩波書店

慶應義塾大学民族学考古学研究室「民族考古」編集委員会．1997.『別冊特集号：ポストプロセス考古学の射程：ホダー理論に対する実践的リプライの試み』

考古学研究会（編）2014.『考古学研究会60周年記念誌：考古学研究60の論点』岡山：考古学研究会

小林正史・谷正和．1998.「ロングエーカーの民族考古学的研究」民族考古学研究会編『民族考古学序説』pp. 45-54, 東京：同成社

近藤義郎（編）1991.『岩波講座 日本考古学（7）：現代と考古学』東京：岩波書店

近藤義郎．2001.『日本考古学研究序説』東京：岩波書店

Longacre, W. A. 1964. Archaeology as anthropology: A case study. *Science*, 144(3625): 1454-1455.

Longacre, W. A. 1970. *Archaeology as anthropology: A case study*. Tucson: University of Arizona Press.

松田陽．2014.『実験パブリックアーケオロジー：遺跡発掘と地域社会』東京：同成社

溝口孝司．1991.「社会考古学の射程：社会システムの変容における外部／内部の問題にふれつつ」『地方史研究』41(4): 4-15

溝口孝司．1997a.「考古学的研究の基本構造に関する一試論：欧米考古学を主要な素材としての分析と提言」『考古学研究』44(1): 51-71

溝口孝司．1997b.「ポストプロセス考古学の見取図：社会考古学的視座から」『民族考古』別冊特集号: 5-15

Mizoguchi, K. 2006. *Archaeology, society and identity in modern Japan*, Cambridge: Cambridge University Press.

Mizoguchi, K. 2015. A future of archaeology. *Antiquity*, 89(343): 12-22.

民族考古学研究会編．1998.『民族考古学序説』東京：同成社

Nakao, H. 2018. A quantitative history of Japanese archaeology and natural science. *Japanese Journal of Archaeology*, 6(1): 1-20.

O'Brien, M. J., Lyman, R. L., & Schiffer, M. B. 2005. *Archaeology as a process: Processualism and its progeny*. Salt Lake City, UT: University of Utah Press.

Odling-Smee, F. J., Laland, K. N. and Feldman, M. W. 2003. *Niche construction: The neglected process in evolution*. Princeton, NJ: Princeton University Press. 佐倉統・山下

篤子・徳永幸彦訳『ニッチ構築：忘れられていた進化過程』東京：共立出版、2007
大貫良夫 1979.「あとがき」大貫良夫訳『文明の誕生』pp. 339-345, 東京：岩波現代選書（Renfrew（1973）の翻訳）
Renfrew, C. 1973. *Before civilization: The radiocarbon revolution and prehistoric Europe*. London: Jonathan Cape Ltd.
Renfrew, C. 2007. *Prehistory: The making of the human mind*. London: Orion. 小林朋則訳『先史時代と心の進化』東京：武田ランダムハウスジャパン、2008
Renfrew, C. and Bahn, P. 2004. *Archaeology: Theories, methods, and practice*. (*4th edition*). New York: Thames and Hudson. 池田裕・常木晃・三宅裕監修『考古学：理論・方法・実践』東京：東洋書林、2007
Salmon, M. 1982. *Philosophy and archaeology*. New York: Academic Press.
佐々木憲一 1990.「アメリカ考古学と日本考古学：その協調の可能性」『考古学研究』37(3): 25-44
Shanks, M. and Tilley, C. 1987. *Re-constructing archaeology: Theory and practice*. New York: Cambridge University Press.
鈴木公雄 1973.「New Archaeology 素描：アメリカ・エール大学に留学して」『考古学ジャーナル』77: 5-8
田中琢 2015 [1966].「アメリカ考古学への一視点」『考古学で現代を見る』pp. 56-57［『朝日新聞』一九六六年九月七日］
Trigger, B. G. 2006. *A history of archaeological thought* (*2nd edition*). New York: Cambridge University Press. 下垣仁志訳『考古学的思考の歴史』東京：同成社、2015
都出比呂志 1986.「日本考古学と社会」近藤義郎・横山浩一・甘粕健一・加藤晋平・佐原真・田中琢・戸沢充則（編）『日本考古学（7）：現代と考古学』pp. 31-70, 東京：岩波書店
Tsude, H. 1995. Archaeological theory in Japan. In P. Ucko (ed.) *Theory in archaeology: A world perspective* (pp. 292-304). New York: Routledge.
植木武 2001.「編者のことば」後藤明『民族考古学』, p. i
上野佳也 1963.「東日本縄文文化石鏃の大きさについての比較研究」『考古学雑誌』49(2): 107-120
内井惣七 1995.『科学哲学入門：科学の方法・科学の目的』京都：世界思想社
渡辺仁教授古稀記念論文集刊行会（編）1989.『考古学と民族誌：渡辺仁教授古稀記念論文集』東京：六興出版
Wiley, G. R. & Sabloff, J. A. 1993. *A history of American archaeology* (*3rd edition*). New York: W. H. Freeman & Co. 小谷凱宣訳『アメリカ考古学史』東京：学生社、1979

Wylie, A. 2002. *Thinking from things: Essays in the philosophy of archaeology*. Berkeley, CA: University of California Press.

横山浩一 1985.「総論：日本考古学の特質」近藤義郎・横山浩一・甘粕健一・加藤晋平・佐原真・田中琢・戸沢充則（編）『日本考古学（1）：研究法』pp. 1-15, 東京：岩波書店

第2章 ［対談］ムカシのミライ：プロセス考古学×ポストプロセス考古学

阿子島 香・溝口孝司・中尾 央
司会：菅野智則

※本章は、「歴史科学諸分野の連携による文化進化学の構築」研究プロジェクトによるシンポジウム「ムカシのミライ：プロセス考古学×ポストプロセス考古学」（二〇一六年六月五日、東京・一ツ橋の学術総合センターにて開催）での阿子島香、溝口孝司両氏による対談、また後半に中尾央氏を加えての鼎談を整理修正して採録しました。

有松唯：最初に本研究プロジェクトを代表して対談企画の説明をいたします。今回、プロセス考古学、そしてポストプロセス考古学は何だったのかと、あえて過去形で問いかけました。この企画の目的は、大学院生、それも博士課程の皆様が両者を越え、新しいスタンダードをつくり上げていくこと、そして両者を過去のものとしていくきっかけになればという思いです。質疑応答でも、そうしたご質問を積極的に取り上げたいと思っております。

ただそのためには、このプロセス考古学とポストプロセス考古学が、考古学という学問において、なぜ必要とされ、またどう展開されてきたのかを、まずは深く理解しなければなりません。さらには、この二つの枠組みを超え、考古学という学問分野がどこを目指して、何を明らかにしていく分野なのかを明確にすることも、同時に必要だろうと考えております。そのために、今回は最適なお二人をお招きいたしました。

まずお一方が阿子島香先生です。東北大学文学研究科歴史科学専攻の教授を務めておいでですが、一九九三年にアメリカのニューメキシコ大学（プロセス考古学の中心人物であるL・R・ビンフォードのもと）で、博士号を取得されました。もうお一方の溝口孝司先生は、現在九州大学比較社会文化研究院の教授であり、一九九五年にイギリスのケンブリッジ大学で（ポストプロセス考古学の中心人物であるI・ホダーのもと）博士号を取得されました。世界と日本の考古学相互に深く通じていらっしゃるご両名の対談ですので、ぜひ積極的にご参加いただければと思っております。では以降の司会は菅野智則先生にお任せいたします。

＊

菅野智則（司会）：東北大学の埋蔵文化財調査室の菅野と申します。どうぞよろしくお願いいたします。司会を務めるのは荷が重いのですが、お二人の対話ということであまり邪魔せず司会をいたします。時折、日本考古学の立場からコメントするかもしれませんが、お二人の対談を楽しむことを基本に進めたいと思います。どうぞよろしくお願いします。

ではまず、お互いのプロセス考古学、ポストプロセス考古学の認識についてお話しいただいて、どうお考えなのかをうかがえればと思っています。阿子島先生からお願いできますか。

◆プロセス考古学のキーワード

阿子島香：では、プロセス考古学とポストプロセス考古学をどう捉えているかという、かなり本質的なご質問から始めてまいります。その前に、この対談にあたり、実は前もっての打ち合わせをまったくしておりません。流れは司会の方にお任せし、われわれはそれぞれ自由に考え、ぶつけ合って発展させていこうと思っております。まとまりが悪いとか、話題があちこちへ飛んでしまうとか、そういう感想を抱かれるかもしれませんが、いわゆる予定調和的な議論はしたくないという意図からでございます。

まずは、「プロセス考古学をどう捉えているか」です。実際、非常に長い歴史を持つ流れなので、「これがプロセス考古学である」とはなかなかまとめづらいものです。しかし、私なりに考えている中心的な様相を、キーワードをいくつか挙げながら考えてみたいと思います。

一つはやはり、文化進化論[1]が理論的バックボーンになります。もう少し正確に言うならば、新進化主義人類学です。一九五〇年代に、ミシガン大学のレズリー・ホワイトたちの流れが考古学に大きく影響して、理論の基本になっていると思います。その意味では、やはり人類学の一部なのです。ただし人類学全体ではなくて、特にこの新進化主義人類学[2]が、プロセス考古学の背景になっているのではないでしょうか。キーワードその一、文化進化論です。

二番目は、やはり適応、アダプテイション（adaptation）ですね。すなわち、長期的な文化現象を研究対象の中核として見ていく。そのときそのとき、誰がどう考えているかというような認識、認知、ある

阿子島香（あこしま・かおる）氏

いは意志といったことよりも、自然選択、すなわち何百年以上の長いタイムスパンで、人間集団が淘汰をされていく過程に注目する。生態学的に人間集団を見るということ、環境と人間集団との適応関係を研究の中心に据えるということが、プロセス考古学の大きな考え方なのではないかと思います。二番目がこの適応[3]ですね。

三番目として、論文や本、雑誌にはあまり出てこないのですが、アメリカの歴史に根差す考古学だという点です。留学生だった私が、強く感じたところでした。プロセス考古学の中心的な要素として、これは入れないといけません。アメリカの歴史の中での産物で、先住民を相手にしていること、さまざまな人たちを同時に相手にする比較文化、これが前提となっている。これらをみんな含めての、一九世紀、たとえばスミソニアン研究機構ができた頃からの流れ[4]、そして、実際にフィールドで活動している考古学者たちの歴史的産物としての文化的な背景、すなわちアメリカの歴史が背景ということだと思います。

もう一つ挙げるならば、アメリカの考古学界における多数派であるということは、間違いなく言えると思います。もちろん皆さんご承知のように、アメリカの学界にもポストプロセス考古学と非常に近いものを追求する方が大勢いらっしゃいますが。すなわち、四番目として、多数派である。当然ながらその中にも多様な立場の方々が含まれています。アカデミックな人もいれば、日本での行政に当たるような、ＣＲＭ（cultural resource management）、文化資源経営考古学[5]、そういうものに従事する方も多数です。

そういう中で、アメリカ考古学、特にプロセス考古学が日本で長年にわたってしばしば批判される際に注目すべき、ある属性、要素、性格があります。プロセス考古学は緻密な分析に欠ける、時間的な編年の枠が粗い、発掘調査に熟練していない、層の見方について日本考古学の水準に達していない、遺物の分析に時間を惜しむ、そういった批判をもう三〇年以上言われています。これは当たっているところもたしかにあります。私がかなり長い年月、アメリカで活動していた中でも感じたことです。その背景には、やはり厳しい競争社会と、アカデミズムでの生き残り、余計なことに時間を費やせないという問題があるのだと思います。

はじめから長くなってしまいましたが、おさらいしますと、第一に文化進化の理論、第二に適応という長期的考え方、第三にアメリカの歴史の産物であること、第四に多数、すなわちマジョリティとしてあるということ。こんなところでございましょうか。

◆ポストプロセス考古学「たち」と私

溝口孝司：阿子島先生、どうもありがとうございます。プロセス考古学の特徴とその歴史的背景についてあらためて簡潔明快に学ばせていただいたような気持ちがいたしますが、私は、ポストプロセス考古学の特徴と歴史的背景に関するトレースというよりは、それらに対する自分の立場を提示するところから、お話しさせていただきたいと思います。

まず強調したいのは、私は単数に括れる〈ポストプロセス考古学〉、「The Post-Processual Archaeology」というものは存在しないと思っています。複数形の「Post-Processual Archaeologies」

溝口孝司（みぞぐち・こうじ）氏

はありますが、「*The* Post-Processual Archaeology」という、統一的な〈認識論〉[6]と〈存在論〉[7]のパッケージとして統合した枠組みは存在しない。では、少し奇妙に聞こえるかもしれませんが、ポストプロセス考古学「たち」を、私が自分なりにどのように実践してゆくのか、もっと正直に申しますと、自分はポストプロセス考古学をこういうふうにやっているんだ、やってゆくんだ、そう思い込んでどのように実践してゆくのか、そういうことをまずお話したいと思います。

歴史的にいえば、今私たちは「ポストプロセス考古学的なフェイズ（The Post-Processual phase）」の中で否応なしに考古学をやっていると、私は思っております。そのような認識のもと、自分がどのように考古学をするのか、したいのかを、自分自身、常に〈批判的〉に考えてゆこうと決意して考古学を行う[8]。それが自分のポストプロセス考古学実践であると考えています。そのような批判的思考を実践するためにより適切な、そのような営みによりよく適合する言語の体系を考え、開発してゆきたい。それも私のポストプロセス考古学実践の一つの柱です。それから、当然のこととして、そのような言語の体系・実践の枠組みを〈批判的〉に考えるために、社会編成（social formation）のあり方として、ポストプロセス考古学的フェイズがいったいどのようなものなのか、考古学者として深く考察したい。そして、そのあり方に対して、考古学を通じて関与・介入してゆきたい。そのように望み、それをめざして実践をつづけてゆくことも、私のポストプロセス考古学実践の核といえます。

ここで一つ強調しておきたいことは――これはおそらく、先ほど阿子島先生が特徴づけられたプロセス考古学とポストプロセス考古学とが大きく、また根本的に異なるところかと思うんですけれども――、プロセス考古学が、世界の現象に関する知識のある種の唯一性を前提としている。言い換えれば「正しい」知識、ないしそれへの接近は可能であると認識し、そのための方法を探求してゆく。要するに、いわゆる認識論に相当なエネルギーを割くとするならば、「ポストプロセス考古学（Post-Processual Archaeologies）」は、認識論においては、ある種の「知識の相対性」を認める。ポストプロセス考古学的なフェイズにおいて、リアリティとして浮上してきた知識・認識の相対性・複数性、その中で〈自己〉はどのような態度を選択するのか、またその選択をどのように行うのが望ましいのかということの考察に、より大きなエネルギーを割く。すなわち認識・知識の絶対性を認めるか、それとも相対性・複数性を容認するか。ここにプロセス考古学的構えとポストプロセス考古学的構えの根本的違いがある。そして、そのような意味で、〈認識論〉と〈存在論〉が、考古学の哲学的な基盤としてあるとするならば、ポストプロセス考古学の実践者として、私はどちらかというと、存在論に基盤をおいた言説を生産している。このことを最初に申し上げておきたいと思います。

ですので、今日、私が展開する話は、認識論、すなわち「（過去についての）正しい知識」をどのように獲得するのか？ このことについてお聞きになりたいという方々には、おそらく「食い足りない」話になるかと思います。それは、今申し上げたとおり、私にとっては必然的なことであります。

さて、阿子島先生もプロセス考古学のそれについて語られましたように、私も、ポストプロセス考古学の歴史的な背景を語るべきかと思っています。そのときにとても大切なのが次のことです。「ポストプロセス考古学」が、ポスト、すなわち「プロセス考古学」より「後」にあらわれたから、後にきたものの方が当然に優れているだろうという、先験的な優位を主張できるわけではありません。そうではなくて、考古学を含むさまざまな社会的実践の領野を包み込む社会編成のモードが変わってゆく中で、その変化に最も適合する「言説の体系」が、進化的に――あえて〈進化的〉に、と申し上げますけれども――、試行錯誤、多様なあり方の出現と選択的淘汰と新たな安定状態獲得という、ほんとうに小進化的なプロセスをへて転変してゆきます。[9]

そして、「プロセス考古学的フェイズ（Processual Phase）」には、社会を本質的に安定的な有機体的存在として認めたうえで、それを安定再生産する「変数」として、さまざまな文化要素を把握する。そして、その「平衡定常状態」を維持する方向に、それら変数が遷移していくと捉える。システム論、サイバネティックスの考え方で言うと、第一世代のシステム論・サイバネティックスに強く定位した理論体系が、背景となる社会編成によくマッチする状況があったといえます。[10]

それが、アメリカ合衆国などではおそらく一九七〇年代にそのような変化があったと思うのですが、「社会の本質は安定状態とその維持であり、社会の安定・維持の条件は、科学的に予測することができる」という、ある意味とても楽観的な社会のリアリティが退潮してゆく、すなわち、経済学の用語などを使えば、第一次産業に大きく依存した経済の再生産が、第二次産業、第三次産業主体の産業構造へと移行してゆき、ポストインダストリアルな状況が出現する過程。それから社会学・人類学的的用語を使えば、「ポストモダン」「ポストコロニアル」な状態とでもいう状況が、前景化してくるような状況に対応するかたちで、ポストプロセス考古学は出現してきました。

◆社会の変容と考古学の変容

溝口：これは、言うなれば、〈近代〉という「過程」の一つの帰結であって、特定の社会階層とその構成員とが一対一対応していた段階から、社会の諸制度・さまざまな社会サブシステムが、人間集団区分から分離して、それぞれに、独立したシステムとしての機能を果たしてゆく段階への移行と、先ほど述べたような状況変化は対応しています。人は生まれつき、所属する人間集団があり、その人間集団が社会に対して果たす役割は一義的に決まっているという単純な様相。それを「近代前期」とすれば、一人一人の人間が生まれに関係なく、さまざまな役割・機能を社会に対して果たしてゆく状態が前面に出てくるのが「近代成熟期」。そうしますと、一人の人間の中にも、多数の価値観が、居心地悪く共存せざるをえなくなる。そして、それは、一人一人の価値観の不一致とも重なります。

そのような中で、いったい自分はどうやって社会とかかわってゆけばよいのか？　すなわち、個々人の社会に対する立場・立ち位置が問われるようになる。さらには、それまで所与のものとしてそこにあった社会体制に対する批判、資本主義批判、社会主義批判、そして植民地主義批判などが必然的に続々と出てくるわけです。そこで、第二世代、第三世代のサイバネティックス的発想・考え方が、よりリアルになってくる。〈複雑系〉の発想がリアルになる。マクロな平衡定常系として社会を定義して、それを構成する、それが産み出すさまざまな現象を記述・説明することに、飽き足らない状況が出てきます。

要するに、それまでのマクロ一辺倒、分析単位としての社会もしくは国家一辺倒に対して、マイクロな問題意識、具体的には例えば一人一人の心、行動、存在の揺らぎが社会全体にどのような影響を及ぼすのかという問題、そのような問題のたて方がリアルになってくる。価値観の相対化の中で、個々人がどう生きたらいいのかと考える機会が多くなる。いわゆる〈冷戦状況〉下においては、いわゆる「西側諸国」の住人にとっては（笑）、ソビエトを責めていれば自分の人生の問題もすべて語れるような、非常に単純な心象風景とそれを支えるリアルな社会状況が実際存在した。それが、社会編成が変容し、非常に複雑な、誰もが「自分はなぜこういう人生観・世界観を持つのか」と自己分析することが普通になるような、社会的リアリティの途方もない複雑化が起きる。個々人が反省的に、自分がどうしてこういう生き方をしているのか考える、社会や世界と向き合う。そういう流れが学問にも出てきました。

そして、専門用語を使えば偶発性（contingency）というもの。それから、行為主体（agent）がある意図を持って行為をするということ、そのような意図の構築にかかわってゆく社会全体、そして、その（偶発性と行為主体の）複合がもたらす（社会的）作用への関心というかたちで、対応する流れが考古学にも現れてくる。

ですので、先ほど阿子島先生がおっしゃったことと、僕が申し上げたことの最大の違いは、（プロセス考古学からポストプロセス考古学への）マクロな視点からマイクロな視点への移行は、社会の編成・歴史的状況・リアリティの移行によって必然的にもたらされたと僕はみる、そして、その視点自体がポストプロセス考古学には組み込まれている、と理解する点です。

少し長くなりましたが、これで最後です。（考古学的説明・理解における）「因果性」（の特定）に関する楽観というのも、退潮していったと思うんですね。プロセス考古学的フェイズにおいては――これは先ほど述べた「近代前期」に対応するわけですが――社会と、それを構成するシステムは、平衡定常状態が普通の状態であって、それが攪乱された状態というのは異常な状態である、と認識することが普通であり、リアルであった。なので、「普通の」状態が再獲得（regain）されるために、どのように変数群が動くのかということに問題を（恣意的に）絞り込むことができ、因果性を非常に単純にイメージし、絞り込むことができた。

しかし今日、近代成熟期の社会編成とリアリティのもと、社会の構成に関与すると認められる変数は非常に増加して、認識可能な変数がほとんど無数になってゆく。しかも、その変数どうしがどのように相互にかかわり、作用するのかを観察する存在としての僕たち自身も、変数として考慮の対象に入ってくる。自分がなぜこういう生き方をするのか。自分がなぜ世の中について、こういう見方をするのか。それぞれについての反省を、社会のリアリティそのものから迫られるようになった今日においては、自分の価値判断自体が大切な変数になってくる。これは当然のことですね。ですから観察主体というのが、観察の対象そのものにもなってしまう。

◆自分が世界とどのようにかかわるかを決めないと何も始まらない

溝口：議論を誘発する目的であえてドライに言ってしまいますと、社会の構成と社会の変化に関する因果性の「客観的」な絞り込みは実際には非常に困難で、その「措定」の方法・モードはおそらく、考古学を含む人文・社会科学においては、社会編成・リアリティの変移と同時に共変動的に遷移してゆくようなものであるしかないのではないか。これはある種アイロニカルな含みも込めて申し上げますが、このような認識は、あるいは現在の自然科学の最先端とも、切り結ぶところがあると思います。
たとえば、よく取り上げられる〈不確定性原理〉のさまざまな含意[11]があります。それから実験機器の観察解像度が不可避的に規定する物質世界の「見え方」という問題。加えて、観察のための物質世界への介入が、それを構成する観察対象物質の挙動に避けがたく作用・影響してしまうというパラドクス、ジレンマ。そのような、自然科学においてとみに問題にされ、常識化している諸問題を局外者ではありますが知るにつけ、認識論的（epistemic）な、唯一の因果性の特定というのは、ある前提条件を措定し、ある状況を括弧入れすればあるいは可能ではあるけれども、今日、そのような「手続き」なしでは不可能になってしまった。このことは、プロセス考古学からポストプロセス考古学への、考古学史的フェイズの移行と響き合うと思います。

言ってしまえば、考古学者にとって、プロセス考古学が目指した、客観性を帯びた共通認識としての因果性の絞り込みは、実質的に不可能になってしまったし、それを目指すことの意味・意義も低下、変質した。まとめますと、私が言いたいことはこういうことです。プログラムとして、何を、どのように研究するのか。そして、プログラムに沿って遂行された研究行為の帰結を、どの程度コントロールするのか、することができるのか？　プログラム、あるいはざっくりと〈パラダイム〉と申し上げてもよろしいかと思いますが、そのようなものは、それに沿って研究を実践する自己の〈存在〉のあり方をも規定してしまいます。

だとすると、自分が世界とどのような関係をどのように取り結ぶのかを最初にきっちりと定位しないかぎり、自分が何をどのように研究するか、そしてその結果にどのように責任を持つのかを説明・コントロールすることはできない。

逆に言うと、自分はこの世界とどういうふうに対峙するのか、どのような関係を取り結ぶのかをきちっと定位できれば、どの対象をどう観察してどうパターン化し、あまたある因果性の中からどの因果性に定位した説明をするのかが自然に決まってくるということです。そして、ポストプロセス考古学が、いや、というよりは僕がポストプロセス考古学を通じて目指していることは、自分と世界との関係性の定位から必然的に立ち上がるプログラムをきっちりと、意識的に枠組みとして整備し、その利点・欠点について論争しつづけることです。そして、それを、よりよい考古学の実践につなげたい。

すっかり長くなりました。結論は、認識論に対する存在論の優位、これを認めざるをえない社会リアリティが前景化してきた、そのような中で出てきたのが「ポストプロセス考古学たち（Post-Processual Archaeologies）」である。そのことを申し上げたいと思います。

◆「法則」への態度

阿子島：冒頭から、二人の考え方の違いがかくもあらわになっております。望ましいことかもしれませんが、結論に至ろうという科学や学問の正道から言うと不安ではあります。

しかし、それでもやはり、法則[12]はあると考えるのですね。見ている人の認識によって、対象の内容や、どう記述するかが違ってくる。科学者、あるいは科学者集団、本人たちの認識によって、出てくる結果が違う。これはポストモダンの見解で、それを考慮しないナイーブな方法がもう許されないのはたしかです。その点では、そんなに違いはないと思うのですが、昔、地動説を批判された人が、それでも地球は動いていると言ったという、宗教との闘争の話がありました。そんな大それたことでなくても、いろいろ認識は違っていても、人類の歴史が動いていく中で、こういうふうになっていくという、そういう方向はある、あるに違いない。それを、私たちの認識の方法の違いや、言葉の違い、考え方・哲学の違いを越えて、見出していこうということは、基本的な態度であるべきではないでしょうか。

溝口：実は今、先生のおっしゃったことと、私も含めてポストプロセス考古学たちを実践している多くの人間の考えていることが、すべてにおいて対立しているわけではありません。たとえば、考古学的痕跡のパターン認識、それらを遺した人間の思考・行動のパターン認識、それらを可能とするための手法の洗練と共有、これらはすべての科学の根本で、ポストプロセス考古学の実践者も当然大切にします。

それから、概念としての〈因果性〉については先ほど述べたとおり、その一義的確定の可能性には懐疑的です。しかし、物事が生起した順序を確定することが不可能である、無意味であるとは、まったく考えておりません。むしろ、ある観点・視点に依拠した観察によって絞り込まれたパターン認識、ある目的性を持って絞り込まれた思考と行為のシークエンス、それを媒介し、また、その帰結そのものとして産み出された物質文化の変異・変容のシークエンス、これらをサイエンティフィックに、より解像度高く観察し、定位・共有することの重要性についてはまったく異存はありません。なぜなら人間は、記憶を持ち、それぞれの生を「時間的」に蓄積された経験と、それに基づく反省の連鎖として生きる。そして、考古資料のパターンを含むすべての社会性・社会的現象は、そのことに依拠して生ずるからです。

そのことを確認したうえでお尋ねしたいのですが、今、先生は、人類の歴史が動いてゆく中で、こういうふうになっていく、「ある方向に」進んでいくと、そういうことは認めないといけないいんじゃないかとおっしゃったかと思いますが、それは、僕が今述べた、出来事もしくは歴史的エピソードのシークエンス、行為・思考の単位のシークエンスとは根本的に異なるものだと思いました。先生が「歴史がこうなってゆく」とおっしゃるときに、そのときの含みとして〈進化〉の考え方、ここでは一般進化、特殊進化のどちらでもかまわないのですが、〈進化〉という考え方についてどのようにお考えか、どのような意見をお持ちか、うかがいたいのですが。

阿子島：考えというか、本質的なものに触れているように感じます。かつて新進化主義の主導者の一人に、エルマン・サービスという人がいました。この人の言葉を思い出したのですが、「くたばれ原動力[13]」っていうんですね。文化が変化していく方向性を規定していく、多くの社会に通用する共通の原因が必ずすぐに見つかるという立場は、もうやめよう。多様な進化、文化変化の道筋を前提に考えていかなくてはならないという、端的な表現です。

こうした考え方を反映して、六〇・七〇年代にアメリカのニュー・アーケオロジーの時代からプロセス考古学へ変わっていく過程で採用されたものは、一般システム理論[14]でした。かつて、ソビエト連邦が強かったころ、世界の多くの国では、V・G・チャイルドのように、史的唯物論による人類文化発展の法則性の発見ないしその解明を目指す理論が、実際の研究の蓄積をもとに非常な説得力を持ってすばらしい水準まで一時進んだと認識しております。

私は、アメリカ学派なので、八〇年代終わりからの動きを大変残念に思っています。六〇・七〇年代に、そういった史的唯物論的なグランドセオリー[15]から離れました。エルマン・サービスを第二世代としますと、第一世代はレズリー・ホワイト、ジュリアン・スチュワード、その前の世代ですね。レズリー・ホワイトはミシガン大学ですので、ミシガン学派と言われます。考古学の立場からすると、ジュリアン・スチュワードは、実際の資料に基づいたアメリカ西部大盆地などに関する緻密なデータ操作をして、学史的にはむしろ高く評価される部分もあります。ただ、そのレズリー・ホワイトは、もともと非常にマルクス主義に近い考え方でした。その中から第二世代が出てきました。

そこに、ケント・フラナリーのシステム論的発想が、非常に大きな影響を与えました。この多様な原因、多くの要因の複雑な有機的相互作用、これが結局はさまざまな社会で違うように働きながら、大きな社会の流れになるのだろう、と。これが先のエルマン・サービスが言った、原動力は何かを探す試みがあまり生産的でないという、いわば逆説的な表現の、本当の意味かなと当時解釈したのです。

このシステム論の鍵の一つが、フィードバックというアイディアです。まず、ポジティブフィードバック、何か起きるとそれがさらにまわりまわって増幅していくような変化です。先ほど、平衡状態、定常的状態を保つ文化の本質があるという前提は、だめなんじゃないかという話があったかもしれません。逆に、ネガティブフィードバック、すなわち何か変わろうとする変化が起きると、多くの文化システムの中で、それらを打ち消すような平衡状態へ、もとに戻そうとするようなものもある。ちょうど、一人の人間が病気になりそうなときに、システム全体として回復しようとする力が働くように。これは、システム工学、工学系の方法論の借用ですね。

◆多様性への模索

阿子島：しかし、こうしたさまざまな要因の有機的な複雑な絡み合いを否定しているのではありません。

当時の人間集団によって重視されている価値観の中で、これは大事なことだからこだわらなければならない、そういう文化的な脈絡を、私たちが宗教とか芸術とか経済とか生産とかカテゴライズしてしまうと、多様な統合された文化を、私たちの手で勝手に切ってしまうことに結びつきがちなのです。

たとえば生産の発展が、その生産関係の中で矛盾を生じて大きく変わっていくという原動力の考え方、あるいは、クラシックな社会発展論、下部構造が上部構造を規定していくというようなことではない。文化の多様性を、このシステム理論の中でなんとか科学的な、客観的な数値・データとして捉える、すなわちデータとデータとの組み合わせの中で、それぞれの文化の個別の道筋を明らかにしていきたい、いこうではないかということです。

私の師匠であるビンフォードは、今となってはある意味ちょっと教条的なカール・ヘンペルの科学理論による仮説検証[16]を、これこそが考古学の進むべき道であると言っていたのを少し軌道修正して、やはり多様な文化の動き方を入れる必要があると考えたのです。実際に、アメリカの北米大陸の中だけでも、極めてさまざまな生態学的な状況がありますし、集団の大きさや、そこでの人間関係の取り結び方が多様であるというのは、一五〇年ぐらい目の当たりにしてきている。そこで、さまざまな試行錯誤をして、多様性をどう含めていくかが検討されました。集団ごとの価値観の多様性、あるいは、人々の認識。生態学的、あるいは下部構造。あるいは、社会的な多様性です。このようなことが、やはり七〇年代以降、かなり一般的な認識として共有されてきたのではないかと思われます。

私の学史的認識ですが、やはり大きなきっかけになったのは、六〇年代に芽が出ていたフラナリーたちの一般システム理論だと思います。何が大事で何が大事でないかという位置付けや価値の付与をやめ、実際の社会のそれぞれの地域と年代で何が起きているかをとりあえず要素に分け、その具体的なつながりを積み上げなくてはならない、という考えです。その後八〇年代になって、理論化されたポストプロセスの言説が衝撃的に登場したのではないか。だけど、それに対抗・対応していくような、研究レベルにおける準備は、すでにある程度あったのではないか。お答えになっているかどうかは自信がありませんが、このように思います。

溝口：どうもありがとうございました。いま、非常に興味深いことをおうかがいしたと思います。先生のおっしゃったことをまとめれば、プロセス考古学陣営の方々も、いわゆる定向性・普遍性を持ち、あらゆる場所で進行しつつある進化、いうなれば、ざっくりと〈一般進化〉という概念で括れるような考え方を自己反省し、またポストプロセス考古学からの挑戦を経て捨て去り、〈特殊進化〉、すなわち自然・社会環境変動への適応として、有機体、さまざまな社会集団がその内的複雑性・複合性を高めたり低めたりする、そのような考え方にシフトしたんだ、ということをおっしゃったと思います[17]。そして、この大変重大なシフトが起きた要因の一つには、〈一般システム理論〉を、より徹底して適用する方向性の導入があった。私はそのように理解しました。

そうしますと、たとえばマルクス主義においては、理論的・先験的に因果性の出発点として生産力と生産関係が定位されます[18]。そして、結果として導かれる社会変動のモデルは、ある種必然的に、先に述べたような「定向性」をおびるようになる。いわゆる「マルクス主義的発展段階論」ですね[19]。これに対して、一般システム理論を素直に導入すると、フラットに分化・布置されたサブシステムどうしの間にシステム論的なフィードバック関係が多様に成り立つという図式になります。そうすると、生産力と生産関係が因果連鎖の基点として常に措定されず、かわってたとえば生業サブシステムであるとかイデオロギーサブシステムが、社会変容を導く因果連鎖の中でも、位置付けとしてはフラットに、相互の関係性としてはフィードバック関係として柔軟・複雑・多様に意味付けられ、位置付けられる。

そうしますと、人間の行為のパターンの変化、思考のパターンの変化、社会の編成の変化についても、そこに単純に「こうなってゆく」「こうなってゆくはずだ」という方向性を想定することは難しくなるはずです。こういう根本的な変化がプロセス考古学の中で起こったのでしょうか？　そして、プロセス考古学における〈因果性〉に対する態度も同時に繊細化した、と考えてもよろしいでしょうか。ぜひ端的にお答えいただければと思います。実は、そこからちょっと展開したいポイントがありますので。よろしくお願いいたします。

◆「マテリアリズム」とのかかわりから

阿子島：正確に問いかけを捉えているかどうかはちょっと自信がないので、関連する話をして一緒に考えていきたいと思います。八〇年代以降に、アメリカの文化人類学の学会で、文化唯物論[20]の一派がちょっと流行りました。マービン・ハリスなど、たんぱく質と物質で、非常に複雑な人間文化の歴史を説明できるのではないかという考えですね。そのころからしばらく、私はアメリカにいました。プロセス考古学はアメリカの産物だと冒頭に申し上げました。このへんの社会科学の大きな流れから言うと、あまりにも短絡的、単純な考え方と評価せざるをえないかと思うんですが、大真面目に当時のアメリカの学会で議論がなされていました。

九〇年代に入る前ぐらいか、『カレント・アンソロポロジー（*Current Anthropology*）』という雑誌に、論文にコメントと反論が掲載されます。ヨーロッパのある研究者が、その雑誌で文化唯物論一派の論文を批判して「ヴァルガー・マテリアリズム（vulgar materialism）」というんですね。非常に厳しいですね。つまり野暮な唯物論、野卑な唯物論。これが堂々と雑誌に載って、批判となっているのです。イギリスのポストプロセスとマルクス主義が、新たな衣替えをしようとしていた時期でもあります。フランスでは、ゴドリエたちに代表されていく構造マルクス主義、[21]イギリスでは溝口先生のご専門の人たちを含むポストプロセス考古学、そういった唯物史観の新たなる展開の中で繰り広げられた議論だったのです。こうした議論の中で、マテリアリズム（materialism）、唯物論を本気でやろうとしているのかというようなコメントがありました。データで反論しなさいとか、私たちは多様性を否定しているのではありませんとか、再反論がなされたりもしました。

人々の世界認識と客観性で、わかりやすい例をあげてみましょう。何百年前のある人たちのところに、雷が鳴って大雨が降ってきた。これは自分たちの呪術が通じて、雨が降ったんだと思ったかもしれない。それが何百年前の小集団の認識だったとしたら、その人たちはそう信じて次に畑を耕して準備をしたかもしれない。[22]そういう意味では、上部構造の認識が、社会関係と行為を規定したではないか。たしかにそうだけれども、雷がどんな確率的な状況で、どんな被害をもたらして、その結果トウモロコシ（Maize）がかろうじて穫れて飢えをしのげるかどうか。そういった文化のまとまり、文化の方式による行動様式を持っているかどうか。その行動様式を持っている集団が、後に長期的に、自然選択に適応したのであって、本人がそう思っていても思っていなくても、結局は長期的に適応している人たちが残っている。その意味では、やはりマテリアリズム（唯物論）をそんなに否定するのは、やっぱり変なんじゃないかと当時ちょっと感じたんです。

東アジアは相当の文化的蓄積や歴史の積み重ねの上にあって、その文化を背負っています。だから、私がアメリカで何年暮らしても、何かやっぱり物足りないというか、「この国、何なんだろう」ということを感じるんですね。私は東アジアから、東アジア人としてのアイデンティティを持ってアメリカに行って戻ってきて、今も東アジアにいるんですが——、ちょっと余談ですが、私は日本人だとは自分では思っていないんですね。日本人としてのアイデンティティっていうのがそんなにない。アメリカで暮らしてからですが、東アジア人としてのアイデンティティが相当大きいのです。そんな私が東アジアからアメリカに行って暮らして感じたことは、プロセス考古学がいかにアメリカの産物かということです。そして、これはやはりヨーロッパ、ヨーロッパの中でも大陸ヨーロッパ、その中の知的伝統を、もっと真面目にアメリカの理論家たちも勉強しないといけないんじゃないかと感じました。

そのころゴドリエの本を引っ張り出して勉強して、「そうだ」と喜んだのは、「上部構造、下部構造は、初めから区分されるものではない。初めから社会関係は、生産の中に埋め込まれているものである」というところです。[23]「ああ、これそうだね」なんてアメリカ人たちのところで話しても、さっぱりわかってくれないなんていうことがありました。

ですから、ポストプロセス考古学が出てきたりいろいろあるけれども、アメリカのプロセス考古学の大きな流れは、やはり基本的には現代アメリカ文化の産物ということを、乗り越えられないんじゃないか、と。その意味では英語圏なので、イギリスとアメリカの交流がかくも密接に七〇年代以降にあったことは、非常にその後に大きな実りをもたらしているのではないだろうかと思います。

◆システム理論運用におけるプロセス考古学の問題点

溝口：私の誘導的な質問にお答えいただき、どうもありがとうございます。今のお話をうかがって納得できた部分があるんですけれども、ある社会現象の原因を非常に単純なものと前提し、非常に単純な手法で絞り込む。システム理論の言葉で表現すると、ある特定かつ単数ないしは少数のサブシステムが、他の多数のサブシステムたちに対して本質的に優位であるという考え方、また、いわば「主導的」なサブシステムの挙動によって、そのシステム全体の挙動、その安定維持のあり方やその変容のあり方にも〈定向性〉が必然的に出てきて、それが（一般）進化（的システム変化の軌跡）に至る。そのような考え方は、プロセス考古学自体において、内的に克服される方向に向かった。少なくとも阿子島先生は、そのようにプロセス考古学の歩みを受け止められたということですね。そして、そのような流れが導かれるに際して、ケント・フラナリーによる、より原則的な一般システム理論の導入が大きな役割をはたした、ということが確認できました。

それから先生ご自身は、「野卑な」物質（還元）主義を、マルクス主義の言葉を使うと上部構造と下部構造の相互規定性、さらにモーリス・ゴドリエの考え方なども参照しながら克服なさろうとしている。そして、有名なホピ族の雨乞い踊り。以上にまとめたようなことをおっしゃる脈絡で、先生はその意味について、さっきから僕がこだわっている「因果性」について、とても含みのある、かつアンビバレントなことをおっしゃいました。雨乞いで雨が降るわけではないけれど、そう信じて彼ら彼女らがやっていたことが、結果として集団のサバイバルのために有効に機能した、その生存において利得的であったかもしれないということです。思考実験として、じゃあ、実際、雨乞い踊りが具体的にどのように利得的だったのか？　このことを具体的に考えはじめると、成立可能な因果連鎖の認識の幅が一気に一挙に広がってしまう。

考古学的には、やはり観察可能な行為の単位をサブシステムとして捉えたうえで、その挙動を観察しなきゃいけない。雨乞い踊りそのものが考古学的に確認可能な痕跡を遺すかどうか、わかりませんが……。で、考古学的分析の対象として、雨乞い踊りを含むたくさんのサブシステムの中で、どのサブシステムを観察対象にするのかという選択において、ある種の先験性が出てくるのは避けられない。と言いますのは、「観察しやすい」サブシステムというのは、祭祀的なモニュメントは例外として、どうしても生産・経済活動にかかわるものになりがちです。そして、生産、ないしは経済的サブシステムの挙動、これはホピのサバイバルにとって、決して一義的に利得的に機能したとは言えないかもしれない。しかしそうであっても、モノ学としての考古学に特有な傾向性、すなわち考古学的に容易に観察可能な痕跡を遺すタイプのサブシステムを重視してしまう傾向性によって結局、生産・経済的サブシステムの挙動が、「規定的要因」として措定されてしまう。そういうことがあるのではないか。観察可能性の負荷、先験的優位化とでもいいましょうか。そういうも

溝口氏

のに無意識に引っ張られてゆくんじゃないか。

それは、実は「野卑な物質主義」と紙一重ですね。ポストプロセス考古学的フェイズ初期の考古学者たちが、プロセス考古学に対して提出した反対意見は多岐に渡りますが、その中でも最も主要なポイントは、端的にいうと、この点に集約されると思います。すなわち、反復可能な、普遍的な因果性を確保するためだと信じて、実はまったくリアルではない、むしろ目的が手段を正当化する、それだけではなくて目的が事実を単純化してしまう、そのようなタイプの説明・解釈を産み出し、それを正しいとしてしまう。

でも、実際はそうではなくて、それらの間で因果性が成り立ちえた行為単位ないしはサブシステムはもっと数多く幅広い。また、その間に成り立ちえた因果関係の糸ももっとたくさんある。だから、考古学的に観察可能なサブシステムだけではなくて、さまざまな手段で想定可能なサブシステムと、その挙動について、もっと幅広く、かつ実態的に考えてみようよ、ということ。そしてその中に、あえてシステム論の言葉をここでは使いますが——、‘Symbolic and Structural Archaeology,’ 当時のイアン・ホダー先生なら非常にお嫌いになったことと思いますけれども、これは——その、つづけますと（笑）、メンタル・サブシステムとかですね。それからリチュアル（祭祀）・サブシステムとか、そういう、有名なホークスのはしご[24]で、考古学ではほぼ接近不可能とされたような領野も、実際の社会生活ではサブシステムとして機能している場合に、それらとその他のサブシステムとの間には避けがたくフィードバック関係があるはずだ、考古学的に直接的に観察できないにしても。そして、さらにそれらの間に、どちらかが常に規定的であるといった階層的な関係はない。認識をそのように転換したときに、僕たちはどうするんだ？　考古学はどうするんだ？　このことが、ポストプロセス考古学派が、プロセス考古学派に突き付けた根本的な問いだったんだと思います。

◆マルクス主義、ドゥルーズ・ガタリと私

溝口：長くなりましたがもう一つ。ほとんど余談になりますが、先生が東アジアに生まれた個人としてのご自身のヒストリーを語られましたので、僕もケンブリッジに留学したときに、今申し上げたようなかたちでそこで起こっていること、進行しつつあるムーブメントを自分なりに認識し咀嚼して、そこにかなりスムーズに入っていけた背景についてお話しします。

僕はかなりヘビーに、九州大学で日本的なマルクス主義考古学のトレーニングを先輩その他からある種の間接的伝授として受けておりまして、ある意味非常にリジッドに、上部構造・下部構造間の関係の成層的因果関係を学びました。同時に、学部に進学する一九八三年に出版された近藤義郎先生の『前方後円墳の時代』（岩波書店）に非常に惹かれ、その直接・間接の影響のもと学部生時代を送りました。

しかし、やっぱり因果性がこんなにきれいに、一方向的に語れるものなのだろうかとも思いました。当時は日本も、冒頭に述べたような価値観の断片化、リアリティの地平の寸断と液状化が進行する、そんな社会状況、フェイズに入りつつあったと思うんですけれども、そのような状況の深化の中で、流行が消費行動を規定し、消費構造が生産を規定し、そしてそれが生産関係を規定し……、そんなふうに、マルクスが言うのとまったく逆の因果連鎖もあるんじゃないかと、後輩としての先輩・先達への反発みたいなものもありつつ、感じていました。

そして一九八七年に、有名なドゥルーズ・ガタリの『アンチ・オイディプス』の初代翻訳（河出書房新社）が出版され、流行にはまりました。その後、これも有名な『千のプラトー』（河出文庫、1980［2010］）のイントロの章だけが「リゾーム」というタイトルでフランスで出版され、日本でもいち早く一九八七年ぐらいに朝日出版社から翻訳が出ました。それを読んで、「ああここに、僕の求めているような、一つのモデルがある」と思ったんです。（マルクス主義的な）因果関係は逆転しうるということ、それから、メンタルなものとマテリアルなものの間の関係はフラットで、双方向的なものであるということ。それが、幼稚な僕がそれらに読み取ったものだったわけです。

今になって思うと、実はドゥルーズとガタリのやっていることは、変形システム論ですね。ご存知のように、システム理論の規定的な特徴は、システム―サブシステム関係が階層的に入れ子状に展開する。なので、個々のサブシステムの挙動は、上位のシステム・レベルの挙動に回収される。もう少し展開すれば、個々のサブシステムにとってその挙動、すなわち自己再生産に影響を与えるのはそのサブシステムにとっての環境、すなわち同一レベルに共存するサブシステムたちの挙動――と相互間にはたらくフィードバック――、になりますが、それらを内包するシステムは、それ自体上位システムのサブシステムであるという階層構造になっている。そして、個々のシステム―サブシステム関係の中で、サブシステムの挙動はシステム・レベルでの平衡状態を基本的に維持するようにレギュレートされます。ですので、システム―サブシステム／システム―サブシステム……という階層で、サブシステムの挙動は常に一つ上のシステムの挙動に規定される、というか、回収される。だからこそ、システム―サブシステム関係をレイヤーとして積み重ねてゆくことによって、無秩序から途方もない秩序が達成される。

人間の身体がそうですし、国家をシステムとして捉えれば、そういうことになりますね。個々の人間は途方もなく多様な思考や判断で多様な行為を行うけれども、個々が所属するシステムの中で一定のレギュレーションをうける。そして、そのシステムはさらに上位のシステムのサブシステムとして、レギュレーションをうける。そのシステムがさらに上位のシステムのサブシステムとして……というかたちで、階層を一段一段上昇するごとに、秩序の含み込む複雑さと、秩序のおよぶ範囲は拡張・拡大してゆきます。

しかし秩序は保たれる。なぜなら、それぞれのシステム―サブシステム関係において、処理しなければならない情報が縮減されているからです。ですから、最上位のシステム・レベルで、最下位のサブシステム・レベルでおこっているすべての変異に対応する必要が、まったくない。最上位のシステム・レベルにとってのサブシステムの挙動だけを統制すればよい。世界の秩序、それを構成する諸物の秩序を、全能者の存在を措定せず説明する、洗練された枠組みです[25]。

しかし、ドゥルーズとガタリはこれにひねりを加えた。システム―サブシステム関係階層の構成レベルを何段かとばして、サブシステム間相互作用が成立する場合がある、ということを強調したのです。システム・ハイアラーキーを越えた要素間の相互関与ですね。ですから、たとえば最近の生物進化論とかの流れで言うと、分子進化の中立説[26]、中立遺伝子が、ある環境の偶発的出来《しゅったい》によって、生体の表現型として突然発現してしまうことがある、ありうる。ドゥルーズとガタリ自身が、当時としては最先端の分子進化論等をさかんに学習していたそうなのですが、社会現象のスケール、複雑さのレベルを越えて、あいだを吹っ飛ばして成立してしまう因果関係がありうる、歴史的に実際に生起したそのような因果関係を指摘することができる、そのようなことを強調しました。

しかも、中立遺伝子のようなはたらきをする要素として、生産技術、生産組織といった、マルクス主義でいうところの下部構造、ものに働きかけて生活に必要ななにかを産み出すという、労働に関するものだけではなくて、精神的なもの、思考の傾向性やその表象も、ある環境のもとでは一つの力を持って、社会全体の挙動に直接的にはたらく、それを規定することがあるということも、ドゥルーズとガタリは強調しました。このことは、未熟な僕の世界や社会のイメージ、また、それに対する関与・介入の欲求にとって、とても魅力的でした。

余談がとても長くなりましたが、まとめますと、システム論の体系を、フラナリーらが組織的に導入することによって、定向進化的な傾向をもつレズリー・ホワイトらの機能主義的パラダイムが克服されたことは納得いたしました。だけれどもやはり、考古学的に観察可能なサブシステムの挙動にしばられているのではないか、また、因果関係の絞り込みについても、現象の実際の複雑さを取り込みきれなくなっているのではないか。それが私の印象です。

◆観察可能なデータに現れないもの

阿子島：非常に厳しい批判を含んでいるものの、正面から受け止めないといけないことだと思います。つまり、観察可能なものが限られていると、どうやって観察可能なもの以外のさまざまな側面にデータを広げながら、その拡大されたシステム論的定向進化の法則を求める動きを進めていけばいいのかということに通じると思います。

先ほどの八〇年代アメリカで感じたことの中で、言い漏らしたことがあります。経済・社会・思想的な三つのサブシステムのはずだけれども、アメリカの学者たちが論文で書いているソーシャルネットワークやソーシャルリレーションズ、この社会関係の捉え方が、アジアから行った私の目には単純にすぎるように映ったということです。バンド社会、もしくは何か簡単に規定して、「社会はこんな単純なつながりで捉えられるんじゃないか」と考えている。ヨーロッパの論文を読むと、社会が一つの独自の次元で、非常に大きな役割を現実の経済行為にはたしていることは明白なわけです。けれどもアメリカですと、二分法・二者択一的な発想にどうしてもなってしまう。

私は、アメリカ考古学の批判ばかりしようとしているわけではなくて、より総合しようと努力しているのであります。しかし、真ん中のこの社会的な次元の捉え方が弱いんじゃないかと、最近でもよく感じます。たとえば、バンドから部族、首長制社会、そして初期国家に至るという、典型的かつクラシックな新進化主義の図式にしても、その首長制レベルにおける具体的な社会関係のありようは、アメリカの学者たちが典型的なものとして記述してきたいくつかの社会に依拠しています。ハワイをはじめとする太平洋、あるいは考古学の資料から、理念的にあちらこちらにつくられた首長制社会。それを仮定して首長制とよんでしまうと、何となくわかったような気になってしまう。その段階だけとっても、社会関係の捉え方が実際にはどのように複雑であって、どんなことが起きていて、そもそも親族関係と地域社会との生産関係のつながりさえもなかなか念頭になくて、思想と形態に還元をしてしまうような論法が後を絶たない。それで、ヨーロッパとアメリカとはもう少し歩み寄るべきではないかと思うのですが、そのような動向は今に至るも見えません。

観察可能なデータにしばられているのではないかという先ほどの問いかけに戻ります。ゴドリエだと、生産関係に初めからさまざまな分野のことが含まれていて、分離できない。初めから一体のものであるという、そういう図式になっています。でも、私たちは言うまでもなく、考古学の資料を相手にしますから、考古学の資料に現れやすい・見えやすい・計測しやすい、そういった文化要素、文化的な側面により大きな重点を置いて研究を進めがちです。これは、やはり過去の、多くの場合文書すらない時代を相手にして、いったいデータとして何をもって操作可能なかたちにしていくかというときに、サブシステムの中でもメンタルなサブシステム、そしてアメリカではあまり気にしないけど、ソーシャルなネットワークの実態をどうやって復元して、データにして、操作をしていくかになるわけです。けれども、その見えないもの、データに直接現れないものを、どうやって俎上に載せるか、これが大きな問題であり続けているんだと思います。

◆観察可能な事実からメンタルへ

阿子島：そこで、七〇年代半ばの、ビンフォード先生のミドルレンジ・セオリー[27]が、いまだに存在意義を失っていないと思います。その後、考古学者がある遺跡を緻密に調査してデータとしたときに、そこにパターンを見出す。やがて、そのパターンを集めて集成していけば、中程度のパターン、あるいはより大きな高次のパターンを時間的次元とともに得ることができる。これが、他の社会科学にはない、考古学独自の存在意義であると思うのです。他の学問には見えない時間のさかのぼり方を、データとして持っている。立場の違いを越えて、この点は異論のないことだと思います。どうやって、直接的に現れない文化の中のサブシステムの要素を見ていくか、それが実は、ミドルレンジ・セオリーが目指した大きな目標だったのではないか。

私が少しかかわってきた分野だと、たとえば石器の使用痕がございます。パターンは、ミドルレンジ・セオリーがなくても捉えられます。そして集成もできる。たとえばある種のナイフ形石器が一定の編年的位置付けの中で取り出されて、顕微鏡で線状痕やポリッシュや微小剥離痕を観察します。すると、事実としての形跡が見えます。そこには、メンタルも社会性も考えなくても、事実としてそこにデータがあります。けれど、それがいったいどういう行動であるのか。何人の人が行ったか、どう考えて、その石器を使ったのかは、直接そこに残されている微小剥離痕や線状痕、ポリッシュの事実、そしてそれを集成したパターンから、読み取らなければならない。しかし、資料の観察と集成からは、どんなに頑張ってもそれが出てこない。これは何年も努力した結果、感じたことです。

阿子島氏

あの芹沢長介先生の使用痕研究チームの初期のころ、数年間がそうでした。やはり参照するべきミドルレンジ・セオリーの枠がなければ、人間行動の何がこの形跡を生じさせたか、これを組み合わせることさえできない。そこで、ビンフォード先生がいうミドルレンジ・セオリーの三分野、歴史考古学、民族考古学、そして実験考古学のうち、この石器の使用痕に最も適合するのが実験考古学でした。いろいろ批判はありましたが、数百程度の条件統制がなされた実験（controlled experiment）[28]を参照枠として行って、ようやく、この石器はこういう使い方をしたという、いわば直接観察可能でない人間行動のパターンの一部に迫れたという筋道でした。

その先なのですが、たとえばクロマニヨン人の洞窟壁画を、どのようにメンタルサブシステム、あるいは社会的ネットワークとして、読み替えていくか。斉一説（uniformitarian assumption）はそう容易に前提にできません。一部分の、地球上のある時期、ある場所にしかない。それをどうやっていくか。しかしここには観察可能なデータがある。

だから、質問への一つの結論としては、あらゆる観察可能な事実を、まず虚心坦懐にみつめて、そこにいったいどのような、人間行動、社会関係、そしてメンタルがあるかを読み取っていく。それは順序を追ってわかるというよりも、当時は一体的に機能していたに違いないのです。これはヨーロッパから学んだことだと思うのですが、分けてしまうのでなくて、一体として当時は存在していたに違いないが、私たちに残されている資料は、物に残っている形跡だけなのです。物に残っていないからといって、考えていないというわけではないのです。

◆パターン認識・共変動・因果性

溝口：僕が先ほどこだわった観察可能なサブシステム、観察不可能なサブシステムについて、先生が構想されるプロセス考古学がどのような立場をとられるのか、よくわかりました。よくわかったのですが、やっぱり論点は残るという印象があります。と同時に、実は、お互いの立場において、このあたりではかなり近いのではないかというところも出てきました。

ポストプロセス考古学が戦略的に、ミドルレンジ・リサーチについて、ことさらその普遍性・一般性の主張・強調に焦点を当てて批判をしました。[29] しかし実は、ポストプロセス考古学自身も、こういう状況のもとでこういう物質的痕跡が残っているとき、その背後にこういう人間の（身体の）物理的な動きがあり、またそのような身体の動きには、このようなメンタルな意味・含意があっただろうという推測的仮定が存在しなければ、そもそも、物質的な痕跡の背後にある人間の思考と行為の効果的な説明解釈のステージには進めないということは認めています。というか、実質的・オペレーショナルに容認していることは、ポストプロセス考古学者も、実はミドルレンジな立論（argumentation）を行っていることになります。しかし、そのような、物質的痕跡と人間の思考・行為をつなぐミドルレンジな作業、それをどう方法として洗練し、なおかつ、それを手法的に、また事実認識的に共有可能なものとするのか？　そして、そこにどのような問題が生じてくる可能性があるのか？　これらについて、おそらく、今、阿子島先生がおっしゃったことと、今から申し上げようとすることの間に若干のずれがあるのではないかと思います。

考古学の手法の基礎の基礎には、パターン認識、パターン単位の析出があります。これには多様なものがありますし、ありえます。遺物、遺構、遺跡、遺跡群、それらを取り巻く地形・景観、自然環境、マイクロ、マクロ。そして、多様なパターン単位間の共変動の有無を検討する。共変動が確認される場合には、それらのパターン単位間に、ある種の因果関係が成立するかどうか検討する。そのとき、ミドルレンジの選択とでもいうか、なにを、どのように、どのような因果関係、因果性として見るのか、分節するのか、という選択が避けがたく生じます。共変動を、ある単位のある単位に対する受動的な適応とみるのか、意図的な対応とみるのか。もしくは積極的な介入とみるのか。心が先か？　身体が先か？　環境が先か？　で、ここでおそらく、私は決定的に重要なポイントだと思いますのが、その選択自体に、われわれの世界観が投影されざるをえない。そして、僕がこだわっている因果性にもどります。

先ほどから因果性の絞り込み・特定に、私は非常に悲観的な立場を示してきました。正直、絞り込めるものではない。本当の意味で、それこそ純粋形式論理的に特定できるものではないんではないか。ですから、ビンフォード先生がその研究生活の集大成として、そのものずばり『（考古学的説明のための）参照枠組みの構築（*Constructing frames of reference*）』（Binford 2001）[30]という大冊を書かれましたが、あの書物は主に、自然環境の変動をパターン単位として措定して分節したときに、そのパターン単位と物質文化のパターン単位との間に認められる、まさにミドルレンジな相関は、自然に対する適応、しかもかなりの場合、さまざまな「最適化」を含み込む経済的な適応として読み解ける、とまさに「選択」したことの証しですね。しかし、その他にたくさんの、多様なパターン単位間の橋渡し、またそれ以前にそれこそ間接的にしかアプローチできないパターン単位の認定も、それを「選択」すれば可能です。たとえば、僕のケーススタディでいうと〈コミュニケーション〉[31]や宗教的な行為をパターン単位として析出できるし、他の単位との相関の検討も確実にできる。そして当然、選択ごとにまったく異なる説明のロジックが導かれます。

重要なのは、それら異なるロジックの、いったいどれが正当であるかと決めることが、はたして可能なのかどうかです。われわれは、今のところ、最終的な答えは持っていない。しかし、それぞれが選択した視点に基づいて析出したパターン単位どうしの間の共変動について、統計的な有意性の有無を決定することは可能です。また、パターン単位の析出そのものに、統計的方法を導入することも可能です。言い換えれば、特定の視点を措定してのパターン単位析出、パターン単位間の相関性の確認については、客観性が担保できる。というか担保しなければならない。それができなければ研究として「お話にならない」手続き・プロセスです。

◆〈研究する〉ということはどういうことか

溝口：しかし、それらが徹底されたとして、じゃあそこに、相関性を因果性に変換するために意味・意義を与える、特定するという努力が行われなければ、どのようなことになるか？　答えは……、そのような営みは説明、それから、解釈にはなりえない、ということです。要するに〈研究〉と呼ぶに値するものにはならない。ある種の「素朴な記述」は生み出されるでしょうが……。そういう厳しいジレンマを、われわれは抱えています。

そしてまさにこの点において僕たちは、この対談の最初に私が論じたことに戻ってゆくわけですけれども、〈研究〉をする、相関性を因果性に変換する、そのためにパターン単位、それらの間に統計的に確定される共変動それぞれに意味・意義を付与する、それらの作業すべてのために、また、それらすべてにおいて、世界観の選択が不可避ということです。〈研究〉のために、世界観の介在は避けがたい。そう、そもそも〈研究する〉ために、世界観の選択が不可欠に介在する、ということです。ですから、すでに言い古された観もありますが、単なる記述もその背後に特定の価値観があります。[32]記述であれ、説明であれ解釈であれ、ここまで述べたことがその通りだとすれば――、私は当然そのように思っているのですが（笑）、考古学をはじめとして、この世の中において〈研究する〉ということは、すべて現代の社会に対して、研究者によるそのような選択が導く何らかの帰結をもたらす。そこには良い帰結も悪い帰結もありうるでしょう。そして、当事者である以上、そのことについての考慮・配慮は必要です。言いかえれば、現代社会に対して「より良い」説明・解釈、「より悪い」説明・解釈という弁別軸も、個々の〈研究〉評価の軸に入れられるべきではないか。そのように思うわけです。

これは私の意見であり、相当数のポストプロセス考古学の実践者の意見でもあると思います。そしてこのような言明が、それ自体純粋客観的に正当化されうるような議論ではないことは承知しています。客観的命題として成立するか否か……。哲学的議論の対象ですね。しかし、「リアル」である。リアルな言明として、世界観がすべての〈研究〉に介在する、このことは避けがたい。避けがたいとするならば、それにどのように体系的に向き合うのか。体系的に、というのが重要です。少なくとも理路を明確化し介在する前提を明示すること、そしてより良い世界観の選択によってより良い（研究成果としての）結果・帰結、人類社会に対して、より良い何かを導くのか、導けるのかについても、考古学的課題として体系的に議論していく。そして、長々と述べた共変動認定の正当化、共変動を因果性に変換する手続きの正当化とともに、よりよい世界観の選択ができているか、いないか。そもそもよりよい世界観とはどのようなものか、そのようなレベルでの議論にも優劣をつけてゆこう。そういうことは、今日の世界の中で、考古学者として、もうやらざるをえないんじゃないかと思うんです。

そして、阿子島先生にお尋ねしますが、このような認識に対して、プロセス考古学の発展形がどのように応えるのか、先生のお考えを聞かせていただけますでしょうか。

◆共通する点、異なる点

阿子島：同じようなことを考えていると感じることが、ときどきあります。でも、やっぱり本質的に考え方が違うところは、観察可能なデータをどうやって選んでいくかという、データを選択していく基準ですね。どういうデータを、何のために探すかについては、だいたい同じ重要性を二人とも感じていると思います。観察可能な資料とパターンを見つけて、その中の共変動を明らかにしていく。これもそのとおりだと認識しています。そこで思い出されるのが、コンブ・グルナル（Combe Grenal）におけるビンフォード先生の、パターン認識の努力と、自分では失敗したと称されるその結果についてのその後の捉え方です。[33] コンブ・グルナルは、ドルドーニュ地方の、中期旧石器時代ムスティエ文化の洞窟遺跡ですね。

そこでの石器組成の違いとその意味をめぐってフランソワ・ボルドとの論争になった、あの学史的な研究です。ビンフォード先生が、自分で失敗だったというのは、パターンや共変動がありあまるほど見つかったけれども、トナカイ狩猟民の実際の生活ということを知らなかったために、解釈すること、想像することすらもできない。どうしてこういうふうにパターンが見えるのかわからないと、ご自分で述懐されているのです。それがミドルレンジ・セオリーへと大きく展開し、その後、アメリカの国内ではビンフォード先生の方がマイノリティー的に、ミドルレンジ・セオリーに特化していきました。大多数のプロセス考古学者たちはもっと楽観的で、「どんどんやればだんだんわかってくるよ」という空気でした。このように、観察可能なデータをどう選んでいくか。何を観察すれば、どういうことが現れているんだろうか。それを知るための基準を、私たちは実際にはそんなに持っていない。

当時の文化における認識体系はわからないけども、科学者としての現在の私たちの認識がデータの見え方を変えることはたしかかもしれません。しかし、そのことが、観察されたデータが、どんな意味かについては、正しいのか正しくないのか、どっちなのかという基準は与えてくれない。

今の話で言うならば、このコンブ・グルナルでさまざまな石器組成や、動物遺存体と石器との相関関係を探したんですね。実は石器だけでなくて、石器を知るために、動物、すなわち環境との共変動関係を捜し求めました。実際、それがたくさん見つかってきたし、平面分布でもいろいろあるんだけども、何のことやらわからない。そこで、民族考古学分野に活路を見出そうとしたのです。[34]たとえば、エスキモーの一部族であるヌナミュートは、現在残っている数少ないトナカイ狩猟民なので、彼らの生活の中に、考古資料を解釈するために何を見たらいいか、これを知らせてくれるパターンが得られるのではないかと考えて調査を行ったのです。現代アメリカにいる私たちの、科学者としての認識の体系と別のものとして何を探し求めるかを、過去のデータや現在の民族のデータから教えてくれる場所を求めようとしたわけです。

◆シーファー対ビンフォードの論争

阿子島：けれども、ここでまだ議論してない重要なことが一つあります。考古学的記録はすべてパリンプセスト[35]であるということです。すなわち人間行動そのものが凍結されている考古学的データはないのです。ポンペイだとかパンスバンだとか、[36]本当にいくらか残っているだけです。ほとんどの考古学的データは、人間行動があって、それが長い時間累積した結果です。重ね書きされた羊皮紙という、ヨーロッパ文献史の用語のパリンプセスト。これが考古学に導入されて、普通の用語として使うようになりました。考古学的記録、これは人間行動をそのまま反映しません。人間行動の形跡は何か残る。それが何回、何十回、あるいは何百回、何十年と重なったものを、初めて発掘者としての私たちはデータとして認識できる。データの本質は長期間重なり合った結果ということですね。

アメリカ国内でも大きな議論がありました。ご承知かとも思いますが、マイケル・シーファー対ルイス・ビンフォードです。シーファーは行動考古学を提唱しました[37]。当時のある遺跡を残した人たちが、どんな行動をそのときに行ったか。その行動を復元して、行動のまとまりとして文化プロセスを見ていきましょうという。一方、ビンフォードは、いやそもそも、行動そのものを復元することは、データが全部重なっているからできないのだ、という論争です。

実は、ここには、当時の行動をデータの操作、共変動のパターンの認識、その中でどうやって見ていくかという重要な問題提起が含まれていたのですが、残念ながらその後国内的にも国際的にも、その本質が十分受け止められてこなかった、継承されてこなかったような気がします。

当時の人間でも、科学者としての現在のわれわれでも、物の見方によって出てくるデータの内容が変わってきます。しかし、そのデータそのものも時間的に累積したものでしかないのです。ただし、時間的な厚みを持った、考古学者だけが手にすることができる、人類史上本当に貴重なデータという意味で、ちょっと誇りに思っていいのかもしれません。

まとまらなくなりましたが、やはり私は、科学者の認識と残っているデータというものは、分けて考えていくということが、研究を進めていく中で基本的な立場ではないだろうかという考え方から脱却できないでおります。

◆〈考古学的イマジーション〉と実践

溝口：ありがとうございます。短くいきたいと思いますが、いくつか言いたいことがございます。

一つには、ビンフォード先生が、ボルド先生との論争に際して、共変動認定のためのパターン単位の析出を行われたときに[38]、もっと野心的になられて石器組成の変化、動物相の変化、そして環境の変化、これらにプラスして、たとえば、門外漢が無責任なことを申し上げますが――、フランコ・カンタブリア芸術とよばれる一連の洞窟絵画のモチーフとその変移変遷であるとか、ここまで僕が考古学的に観察できないサブシステムという言い方をしつづけてきましたが、絵画モチーフのパターンから析出可能な〈メンタリティ〉のパターン単位とか、そういうものも対象として有意な相関の有無を検討なさっていたら、もっと何か出てきたのではないか[39]。

ちょっと比喩的に言いますけれども、ビンフォード先生はパターン単位間の相関関係の有無を、当時の先端的ツール[40]を駆使して徹底的に検討された。しかし、ありていに申し上げて、メンタルなものはパターン単位として取り上げられなかった。この選択は、当然、当時の研究史的環境の中に位置付けて意味付けしなければならない[41]。ましてや、そのような選択を行う自分自身、ビンフォード先生ご自身のメンタルな指向性をパターン単位として検討対象の変数に組み込もうというような発想はもたれなかった。

しかし、阿子島先生も先ほどからおそらく認めておられるのですが、あるいはそう思いたいのですが

──、メンタルな動き・行為の痕跡も明確に考古資料に遺っております。それはもう、なんというか、そのように意識して見るか見ないかにかかっている。[42] そうしますと、ミドルレンジ・リサーチ概念のラディカルな拡張が求められてくると思います。人間の物理的行為とメンタルな動き・ストラテジーとの間の相関性を民族考古学的にリストアップしてゆくこと。やっぱり斉一性仮説・前提といいますか、そのようなプロセス考古学的ミドルレンジ・リサーチの前提を、このような物理的痕跡を残すような行動をしたときにはこのような経済的背景があったのではないか、このような環境への適応圧力があったのではないかという領域から、このような痕跡から復元されるこのような物理的行動があったときにはそこにこのようなメンタルな動きやストラテジーが介在したのではないか、という推測の領域まで拡張する。そうしたことを民族誌の解析で徹底して行ってゆくことによって、さまざまな問題が克服される可能性があります。いままで研究できないと思われていたものについて、できるんじゃないか、できるようになるんじゃないかという楽観と想定を持って、ミドルレンジな発想を広げてゆく。そして、そのような「考古学的イマジネーション」の拡張を行うときに、われわれは、隣接諸学の先端的発想をもっともっと徹底的に参照する必要があります。

また話を因果性の特定にもどすと、こんな因果性もある、あんな因果性もありうるということが、どんどん想定されてくるでしょう。そうすると特定可能な因果性の特定を目指すのではなくて、よりたくさんの因果連鎖のモデルの提示を目指してパターン認識・パターン単位析出をまず行う。そうして提示されたモデル的因果連鎖どうしの間で、どれがより確からしいかを確認する、そして、高度に目的的にそのための方法の洗練を目指してゆく。そういう途もひらけます。

短く言い換えれば、過去の社会のリアリティと編成を構成したに違いないさまざまなファクターについて、考古学的に直接観察・特定ができないから、それを取り巻き広がったであろうミドルレンジな領域については、その追跡をあきらめる。そのような立場は考古学的イマジネーション、考古学の潜在力を限定することになるんじゃないかということです。

もう一つ申し上げたいことがあります。阿子島先生が認識論的なことでおっしゃったんですけれども、観察結果の情報としての共有、正当性の吟味、それにともなう相互批判の重要性。そして、それを可能とする言説的枠組みの洗練。それをちゃんと用意しておく。僕は、〈反証可能性〉の確保という条件がこの場合現実的だと思いますが……、反証可能性の手続き的確保の重要性は、ポストプロセス考古学の実践者たちも、問題なく認めると思います。

最後に申し上げたいのは、ここでも、反証可能性の確保をそれ自体目的にしてしまう、そして、反証可能性の確保に必要な形式論理的手続きをリジッドに考えすぎることは、考古学のできること、すべきことを、やっぱり限定してしまうということです。今まで反証可能性の確立ができないんじゃないかと言われているような考古学的現象、因果性についても、その研究に社会的な意味・意義があるならば、それを捨てるのではなく、そこに反証可能なモデル化を可能とする新たな手だてを構築する努力をする、とにかく考古学的イマジネーションと実践のカバーする領域を、狭めるのではなくて広げてゆきたい。そういうことを強く思います。ちょっとわかりにくかったでしょうか、すみません。

◆考古学は（どんな）科学か？

菅野：そろそろ前半分が終了する時間ですので、ここからは山口大学国際総合科学部助教（現・南山大学准教授）の中尾央先生にもご参加いただきます。中尾先生は、二〇一三年に京都大学で博士号を取得し、ご専門は科学哲学、科学技術社会論です。考古学を批判していただく立場から、今回参加をお願いしております。それではまず、中尾先生からここまでの議論を聞いて、どのような感想、意見をお持ちになったかうかがいたいと思います。よろしくお願いします。

中尾央：はい。山口大学の中尾と申します。よろしくお願いいたします。みなさま、なぜ私がここにいるのか、「誰だこいつ」という思いでいっぱいかと思うんですけど、私も一緒です。今回は対談を盛り上げる、まあ、プロレスのように先生方を焚き付けて、皆さんに楽しんでいただくのが、私の役目と思っています。

　前半、先生方にいろいろとお話をいただきまして非常に面白かったんですけれど、まだ皆さん方は、満足いってらっしゃらないんじゃないか、もっと赤裸々なバトルを見たいんじゃないかということで、私の方から先生方をうまく刺激して、これまでにはなかったようなバトルを繰り広げていただければと思っております。

　というわけで、早速いくつかの質問をして、それにお答えいただきながら、今後の考古学について話し合えればと思います。

　前半のお二人の対談で、対立点と言いますか、一つのポ

中尾央（なかお・ひさし）氏

イントとして、どれだけ客観的に研究を進めるべきか否か、もうちょっとカジュアルに言えば、科学かあるいは科学的でなくていいのか。ここに突っ込んでみたいと思っております。その点をもうちょっと赤裸々に、はたして考古学は何であるべきなのか。科学であるべきなのか、あるいはそうあるべきではないのか。そこを教えていただけますか。

阿子島：今の、科学か科学でないかという、その問いは一見楽そうだけれども、答えるには難しいかもしれません。そもそも何が科学であるかという要件を出したら、考古学が「この点は当てはまる」「この点は当てはまらない」となると思うのです。一般的にサイエンスないし科学、実証的な学問と言い換える方が私は好きなのですが――、かで言えば、当然、考古学は実証的な学問ですので科学派ですね。なので、まずは冒頭で、「はい、科学です」と言うことで。あとバトルということですが、私は平和主義者で、あまり戦争は好きでないのですね。適宜議論していきたいと思います。

溝口：あの、バトルはしたいんですけども、私も実はこの問題については、バトルは全然できないというか、まったく対立点はありません。考古学はサイエンスであると思っております。サイエンスを「科学的命題群によって構成された言説体系」と定義するならば、エビデンス、すなわち頭の中に思考素として存在する主観ではなくて、どのようなかたちであれ外に出して、もしくはそこにあるモノとして皆が観察できるもの、誰がどこでいつ観察しても、「これはこれ、それはそれ」と認識できるものによって、その正否が判断されるような命題の組み合わせによって、科学は成り立ちます。

だとすると、当然考古学とはそういうものである。発掘調査をはじめとする考古学的観察によって認識されたエビデンスに基づく命題群として、考古学的言説は構成されます。そういうものでなければならない。ただ問題は、そのような命題どうしを、どのように組み合わせて言説を構成・構築するのか。また、ここが重要なのですが、そもそもどのような課題・問題を命題化するかについては、科学的な命題として構成しえない事態が生じるということですね。ここでも、前半の「選択」と「世界観」の問題が避けがたく介在してきます。

じゃあ、「あなたはなぜその命題にこだわるんですか」「なぜあなたはそのような命題の組み合わせにこだわるんですか」と尋ねられたときに、どのように答えるのか。このような問いは、それ自体として、科学的な命題として常に構成可能なわけではない。このことはとても重要だと思います。私たちがある問いをなすとき、そのことの科学性は確保されないといけない。しかし、なぜそのような問いを発するのかについては、そこに客観的命題として構成することのできない主観的な選択と、それが依拠する世界観が介在することは不可避です。このことは前半にも申し上げ、強調したと思います。

そうすると、そこに、選択の責任の問題がでてきます。科学的命題として構成不能な部分が科学という営み全体のある部分、重要な部分、動機の部分に介在してくるとすれば、私たちはそこに、どのように、どのような責任を担保するか？

私たちが、この世界で考古学という科学の営みを行う、そのリアリティとして、完璧な客観的命題のみで構成される言説をつむぐことは不可能である。そして、客観的・主観的命題の両者の混合としての考古学的言説が、社会的言説として、それを産み出す考古学者が直接にはコントロールできないさまざまな帰結を導く。そうすると、そのような言説を産み出す人間が、そのさまざまな帰結、意図せざる帰結についても、一定の責任を持たないといけない。これは避けがたい。僕はそのように思いますし、ポストプロセス考古学者たちの多くもそう考えていると思います。

そして、そのような「行動・言説に責任を持たなければならないという状態」は、「アカウンタビリティ」という表層的含意だけではなくて、ますます、広い意味での政治的な意味を持ってくる。おおげさな話ではなく、世界の人類に対する、また基本的な人権の遵守・伸張ということに対しても意味を持ってくる。それに対して僕たち考古学者が対応するときに、繰り返しになりますが、その対応をすべて客観的命題として構成可能な領域に落とし込めるかというと、それは不可能です。ですから考古学は、社会的にその存在と存続が認められた専門領域として科学であるけれども、科学でない、科学として編成することのできない部分についても責任を取らなければならない。そして、その部分の重要性が今日、ますます大きくなってきているということは、申し上げておきたいと思います。

◆「何が実証的であるか」ということ

中尾：科学でない領域に関しては、阿子島先生はどうお考えなんでしょう。

阿子島：はい。私はやはり、過去の世界について何がどうであったのかがまずは目標ですが、その前に、やはり何を扱っているかっていうことだ、と。発掘して出てくる資料ですから、それをどのように操作をしていくか。それによって、何を明らかにしていくのか。ここまでをまずは、考古学の領分として考えていきたい。これは昔も今も変わらないんですが。

発掘調査を行い、資料を分析し、そして過去についてわかるところまで明らかにしていこうとして、それが現代社会にどうかかわっていくかは、次元が違う問題であろうという立場で考えています。それを、自分が何のためにやっているか、その結果の影響に対する責任をどのように取っていくか。これは各人がそれぞれに考えるべきことであって、一緒にこの考古学をやっていく科学者共同体とでも言うべきものが、こういう目的でやるべきだとか、このような方向で進むべきだということは、むしろ避けていくべきだと考えています。

それとは別に、「何が実証的なんだろうか」を科学者共同体としては進めていくべきではないかと思います。そうでないと、もう本当に収拾がつかなくなって、なんでもありの考古学になるのではないだろうかという懸念を、持たざるをえません。

溝口：先生のおっしゃる懸念にお答えするために、先ほど私が申し上げたことに、すぐに若干矛盾するようなことを申し上げることになります。完璧な客観的命題のみで構成しえない宿命をもった考古学の言説、という言い方をしました。しかし、どのような状況で、ある特定の客観的命題の組み合わせによって構成された言説が生み出されたときに、それがどのような帰結を生み出しがちであるか、どのような帰結を導く可能性が強いか？　そこにある種のパターン認識、言い換えれば帰結予測は可能だと思います。

先ほど、命題そのものの選択、ある言説を構成するための命題群の選択そのものに、客観性・予測可能性はありえないと言いました。それらは主観的であり、世界観に準拠すると。しかし、命題の選択・命題群の選択がなされるコンテクストを明確に定位・把握することができれば、その中でどのような命題をどのように組み合わせたときに、どのような帰結に結びつくのかについて、たとえ「弱い」ものにしても、ある種の〈反復可能性〉を持った予測が可能であろうとは思うのです。

申し上げたことは、科学的言説という社会現象にみられる意図と帰結の間に成り立つパターンに関する確率論的な話になり、そこにどの程度の統計的な有意性が確保できるのか、確定することは難しい。そのような意味において、考古学という科学的言説における意図と帰結の因果関係のリジッドな特定は困難と言わざるをえません。しかし「緩い」因果性、こういう言説を紡げば、こういう帰結が起こりうる可能性が高い。その程度の予測は立つわけです。だとすると、自らが取り扱う命題の選択、自らが考古学的言説を産み出すに際しての命題群の選択。これらの選択が導く社会的帰結。これらのそれぞれについて、考古学者はやっぱり責任を持つべきだし、持てるんじゃないかということです。

◆科学者集団としての考古学者がとるべき責任

溝口：――そうですね、ここで、先生がおっしゃったことと、たしかにちょっと違ってきます。それぞれの研究の社会的帰結については、科学者としての研究者個人の良心に任せるのではなくて、どのような科学的な言説、研究成果が、どのような「望ましくない帰結」を、あるコンテクストで産み出す可能性が高いか、低いか。そのようなことは「確かめうる」っていうことですね。そして、「望ましからざる帰結」が導かれる可能性が高い学的言説の生産、研究成果の生産は、サイエンスコミュニティとしては避けるべきだろう、少なくとも一定の歯止めはかけるべきであろうという論理は正当と思います。

本当の問題は、僕たちはさらにそこから先に進むべきか否かということです。具体的にいうと、どういうタイプの言説がより良い効果を産み出すのか、あるコンテクストにおいて、「望ましい帰結」を導く可能性が高い「科学的言説」を産み出す意図的努力をなすべきか、なさざるべきか？　ありていに申し上げると、エンジニアリング。「科学的である」ということを担保に、科学者集団が、ある社会にとって「よき帰結をもたらす」可能性の高い言説を産み出す努力をする、というソーシャル・エンジニアリングに乗り出すべきなのかどうか？

これはすごく議論があるところだとは思います。けれども、その一歩手前の努力はなされねばならないのではないか。繰り返しますと、このようなコンテクストにおいて、このような「科学的」言説が産み出された場合、それがその社会にとって危険な帰結を産み出す可能性が非常に高い。そのような場合でも、当然、これを禁止することはできない。言論の自由が基本的人権の構成要素である限りにおいて。しかし、僕は、「そのような言説にはこういう問題がありますよ、危険がありますよ」と、声を上げることは科学者コミュニティの責任じゃないかなと思っています。科学的言説の産出において、社会エンジニアリング的なことも場合によっては念頭においた行動をとる。明らかに危険な「科学的」言説には反対の声をあげるのは科学的コミュニティの責務である、というのが僕の率直な考えなのです。

阿子島：科学者集団というときに、考古学の場合、考えてみると国や社会によって考古学の社会的なあり方が相当に違っています。たとえば皆さんもご承知のように、日本の考古学は埋蔵文化財の強制的システムが働いて、その中で的確なデータが集積されていく。ただ、他の国で同じようなことをやってみようとしても、現実にさまざまな制限があってできない。あるいは、アメリカの考古学は日本と違っていて、祖先に多様性があって、単一民族が先祖の遺産を顕彰するようなことはそもそも成り立たない。考古学の研究者人口からみると、大学の教育から研究者の段階まで多数派はアングロ・アメリカンであって、ネイティブ・アメリカンの研究者は少ない。研究者集団は国や分野によっても多様です。

さまざまな状況がありますので、一般的に考古学を、科学者集団として社会的な状況にどこまで踏み込んで、またその結果を考えて発掘調査や遺物の分析をやらなければならないかというのは、たしかに科学論的にはそうかもしれませんが、しかし実際にどういう考古学が可能であるかということは、国や社会によって相当違います。

ですから、個別のある国ではこういう考古学になっていて、これがその国の政治に対してこういう影響を与えてきたとか、与える可能性が高くなるかとか。あるいは、ある国の調査隊が他の地域へあんまり考えることなく出ていって、その結果調査される側で問題が過去に出てきた結果、たとえば今では使用する言語を中立的にしていこうとか、現地の言葉で報告を書こうとか。より正しい、より望ましい考古学があるとするならば、そうやって個別具体的に、「どういう人たちがどこで行っている考古学であるか」から考えていった方が、おそらくそこに近づくのではないかと思います。私はあんまり、そういうより正しい考古学はないとは思うのですが。

どこの国であっても、どんな人が行っても、きちっとした手続きによって調査されたデータはその研究の枠の中において有効です。だから、たとえば日本の行政組織の中で産み出された正確な報告書の実測図は、どういうシステムでなされているかを踏まえれば、他の国の人が使うこともできる。日本の考古学者たちがこういうデータを作ったら政治的にどうなるかなどとは考えずに、ニュートラルな実証的な成果として産み出されている結果です。それは、日本でも、どこの国の発掘調査の成果でも基本的に同じだと思うのですね。

◆考古学の共通認識としての考古学の社会性

溝口：今、先生がおっしゃったことの多くに賛同いたします。まず、〈資料化〉のレベルですね。観察、記載のレベル。観察の場合、観察項目の選択に、さまざまなコンテクスト的な負荷、社会、政治、文化、経済的影響が入ってくると思います。記載でも、そのための方法の選択、語彙の選択などに同様な負荷はかかってくる。しかし、少なくとも、選択された観察項目の記載においては、そのような負荷・バイアスをできるかぎり除去する、もしくは除去することのできる記載方法を選択する、というのは当然のことであるとともに、義務であると思います。

しかし、繰り返しますが、観察項目の選択の際に、また観察結果の言説化、すなわち記載における語彙・言い回しの選択に、ある傾向性が生じてくることは避けがたい。そうすると、客観性・一般性が担保できる部分とそうではない部分、バイアスがかかる部分、かからない部分は資料の観察・記載レベルでも生ずることは不可避、と指摘申し上げたいと思います。

加えて、もう一つ申し上げたいことがあります。ある科学的な言説が紡がれる。もしくは、先生が例としてあげられたような、記載レベルでの客観性が確保される。しかし、それらが受容される、吟味される、学問的に享受される、そして市民社会に流布・還元されてゆく。そのとき、それぞれの場面でそれが導く「帰結」というものは、それを産み出す私たちの意図のとおりにはなかなかならない。そのような「意図せざる帰結」が、それが産み出されるコンテクストごとに違う、国家・地域によってまったく異なってくる。これはむしろ普通でしょう。

ですので、たとえばある地域において、過去にその地域に居住した民族集団について考察・言及すること、これは国家や地域によってはそれ自体が政治的なコミットメントになってしまう場合もあるわけです。そして、それは当然、産み出される知識・知見自体にバイアスをかけることもあれば、産み出された知識・知見の理解や享受にバイアスをかけることもある。

そして、実際これがどのようなかたちをとるかというと、地域・国家の歴史、文化社会的環境、それらとの複雑な相互作用によって規定されるわけですから、予測が本当に難しい。じゃあ、そのような主観的・政治的ファクターの介在を防ぐために、たとえば〈民族〉や〈人種〉について研究すること、言及することを「禁止する」といった極端な対応がとられてもよいのか？ これはあきらかにまずい。そういう問題ではないし、ましてやそのような極端かつ単純な対応で解決すべき、またできるような問題ではないわけです。

私が申し上げたいのは、科学的言明であってもその帰結は必ずしも科学的なものとはならない、むしろ、高度に主観的で政治的な問題として問題化する可能性が十分にあることについては、これを普遍的に認識しなければならない。言い換えれば、言説のレベル、ことにその意図せざる機能・帰結において、厳密な科学性へと一〇〇％回収できる言説はありえない。このことを、まず考古学の共通認識にしなければならないであろうということです。

◆社会的存在としての科学者・考古学者

溝口：そして、ここから派生するもう一点は、ここまで述べてきたような科学的言明が避けがたく産み出してしまう政治的含意が、どのような帰結を同時代社会に導くのか、導いてしまうのか。これについて、科学者のコミュニティとして一定の備えといいますか、このような「考古学的科学的言明」によってこういうような事態が社会に起きる、引き起こされる可能性があるということに対する備えまでは、考古学者はしておく必要があるだろうということです[43]。

このレベルの考古学者の行動については、自然科学的意味における「科学性」の担保の縛りはむしろ足かせになる可能性がある。むしろ社会科学的な想像力・構想力と経験・知識の蓄積に基づいて、こういう社会状況のもとでこういうタイプの考古学的言明がなされる場合、こういうふうな社会的帰結が導かれる可能性が高いという見通しを提示する。それが、社会にとって、基本的人権の尊重にとって問題的な帰結を導くと予測されるときには警告を発する。そういう機能と役割は、社会的な存在でもある科学者のコミュニティとしてしっかり確保・共有しておきたい。そして、そういう機能は、国際協定といいますか、ボードみたいなものとして存在する方がよいのではないか[44]。

まとめますと、サイエンスとしての実証可能性の担保と、言明としての研究結果の提示の社会的帰結に対して、サイエンスコミュニティとしての考古学界がどのように備えるかは、考古学に限らず同時代社会に存在・存続する科学の諸分野がしっかりと直面し、責任を持たねばならない二つの問題としてたしかに存在する。そして僕の立場は、これはどちらも、考古学ディシプリンとして、学問体系として対応しなければならない問題である、というものです。

阿子島：ちょっと補足ですが、言葉を現地の言葉に変えるとか、ある国の調査隊が出ていってというのはアメリカ調査隊を意図していました。メキシコ、あるいは南米で、アメリカ調査隊が現地と協力をして行う調査の、一九七〇年代ぐらいと二〇一〇年代とでは、本当に非常に大きな違いが出ています。たとえばアメリカ隊が中心であっても、他の国、たとえば日本の資金が入っている場合でも、メキシコで調査を行う場合、その報告や出版、調査のプロセスは、スペイン語、すなわち現地の言葉でもって、現地の脈絡を十分に協議しながら進めています。アメリカ考古学会では、雑誌が二通りになっていて、英語の『アメリカン・アンティキティ（*American Antiquity*）』とスペイン語の『ラテン・アメリカン・アンティキティ（*Latin American Antiquity*）』とを分けています。分けるようになったのは、やはりそういう背景を大きく受けてでしょう。

しかしながら、だからといって考古学全体が目標としていくべき、中米における国家の発展・起源、あるいは南米・アメリカ南西部における農耕の開始、あるいは日本列島北部における農耕の波及。これらを比較して、どういうことが起きるのが人類の文化であるか、これを知りたいということとは、次元が違うことだと捉えています。ここは、かなり立場が違います。考古学の目標を考えるなら、自分の国を越えた人類全体がこれまで歩んできた道筋、それを知りたいということです。だから、あらゆる場所の考古学的成果を参考にして比較しなければならない。各国でフィールドワークを行い、その国の学会の研究者たちがどんな考え方でその国の遺跡を扱っているか、あるいは顕彰しようとしているか、それぞれの調査では触れざるをえません。ただし、だからといって、その国の考古学の方式に従って、世界考古学がそれに準じて従わなきゃならないということでは、決してないんじゃないかと思います。

◆「温故知新する」ことの重要性

阿子島：もう一つ、先ほど触れたかったのは、北アメリカの先住民の遺跡を掘るときの、再埋葬問題ですね[45]。先住インディアンの人たちの遺産は、勝手に掘り上げて、博物館に収めてはいけない。これは一九八〇年代、私はアメリカで大変強烈な衝撃を受けました。学会の席上で、インディアンの伝統衣装に身を包んだ代表の人たちが壇の上へ上がってきて、私たちはビニールの袋にくるまれて博物館の棚に入ることを拒否すると宣言をしたのを、その場にいて聞きました。アメリカで起こっていることは、いろんな文化現象で数十年たてば日本に起こるので、日本列島でも同じことが起こるのかなと思ったことがあります。カナダでは、インディアンの人たちを「最初の国家たち」という言葉で呼んでいます。過去の歴史上の法律的な条約をみると嘘を繰り返して、侵略をしてきた歴史があるので、そういう用語を学会も使うようになってきた。

　だからといって、アメリカ西部で干ばつのときに、人間集団はどんな対応をして文化的適応が進んできたか。あるいは首長制社会に到達する直前で、止まったかというようなことが、その国の、その民族の人たちの所有すべき知識であるという立場まで行くのは、やはり行き過ぎではないかと思うのです。先進国の立場と言われるのかもしれませんけれども、人類全体として、経験の総体として、あらゆる国でかつて何が起きたかは、共通の事実として考えてみる材料にしていきたいということです。

溝口：今先生が最後におっしゃったことについて、僕もまったく異論はありません。先ほども、同時代社会・世界の「リアル」という言い方をしましたけど、リアリティとして、グローバルに情報をやりとりする、そしてそれをさまざまな観点から吟味し、相互に評価するということが常態化しています。そのことを通じて、非常に小さなできごと、発見、知見でも、とても大きなインパクトを広域に急速にもたらす可能性が存在するようになりました。

ソーシャルメディアの発達した今日の世界では、本当に多様な観点・視点から分析され解明された人類の経験、そしてそれらの蓄積と更新が加速しています。そして、温故知新という営み総体の幅をどれだけ広げ、その厚みをどれだけ増すことができるかが、本当に実質的な重要性を持つようになりました。それは同時に、温故知新のベースになる知識としての考古学的過去の復元・説明・解釈が科学性を備えていればいるほど説得性を持つし、相互批判の可能性も増大するということでもあります。その点、阿子島先生のおっしゃることには、まったく異論がありません。

ただ、その厚みを増すというとき、それを具体的にどのようにやっていけばよいのか。「温故知新する」ということは、人間が今に生きて未来に向かうためにすることです。ただ、それはある社会観や世界観に基づいて行われる。そうすると、考え方、ものの見方のことなる人やグループにとっては、必ずしも良きことにつながらなかったり、場合によっては迷惑を被る人も出てくるかもしれない。ですから、それを避けるための装置といいますか、自己反省のための装置は、デジタルメディアやソーシャルネットワークの発達でさまざまな温故知新のかたちが可能になる世の中であればあるほど、学会共通の機能として整備しなければならない。

言い換えれば、多様な温故知新がなされるがゆえに、犠牲になる人たちが出てこないような枠組み作りを、学問的活動の一部にしっかりと組み込んでおかなければならない。そういうことを考えざるをえないところまで、世界の考古学コミュニティは来てるんじゃないかと考えています。

◆世界の考古学の動きと日本

中尾：思ったより対決展開がいろいろ出てきて、楽しく拝聴しておりました。やはり、阿子島先生も溝口先生もそうなんですけれども、先ほどおっしゃられていたように、プロセス・ポストプロセス考古学とも、その考古学が出てきた国の文化的背景が重要でないかというお話でした。たとえばプロセス考古学は、六〇年から七〇年代の展開になっています。ポストプロセス考古学は、もう少しあと、八〇年代以降に展開された動きです。そこで両者ともその社会、もしくはその国の状況を受けて発展してきたと思うんですけれども、だとすると、日本にそれを持ち込む意義、もしくはその持ち込むべきか否かをおうかがいできますか。

阿子島：まずですね、六〇年代のニュー・アーケオロジー。七〇年代のプロセス考古学。それから八〇年代のアメリカのプロセス考古学と、それに対するある意味アンチテーゼとして出てきた、アメリカ国内、それからヨーロッパにおけるポストプロセス考古学。このようなものが、影響が大きかった国と、あまり影響してない国とがはっきり分かれています。

日本はその影響が最も少なかった国の一つであると、たしかに言えると思うんですね。東南アジアの国々、それから中国はそのときそのときの政治状況によりますが、ソビエト連邦時代とその後のロシア、それからヨーロッパ、あるいはヨーロッパの周辺の多くの国々。六〇年代から八〇年代の、このグローバルな、アメリカ＋ヨーロッパの大きな考古学の転換は、世界の多くの国々にかなりの影響を及ぼしました。その影響が非常に少なかった社会が日本であったのは、公平に見てたしかだろうと思うんです。

だから良いとか、良くないとか言っているのではありません。ポストプロセスやプロセスと言うと、今でも、「片仮名がまた出てきた」とか、そんな内向きの発想が出てきやすい。どうしてそういう国でそういう考古学でありうるかをこそ分析すべきではないかと思います。科学論として、考古学がどういう構造でどう成り立っているかという、構造の分析をする。評価ではなくて。導入すべきかどうかよりも、すでに数十年の歴史の中で、このような取り入れ方がなされている。それを、科学の歴史的な事実として振り返ってみたならばよろしいのではないか、と思います。導入したいと思う人がいても、別にプロセス考古学が日本で広まるわけではないし、ポストプロセスであるべきだと言っても、「私たちとは別な世界の話ですよ」という方が多い場合、やはり聞き入れられない。だから、日本の考古学が発展しないということでもないです。歴史的な事実として過去を振り返るのはまさに温故知新なのですが、一九六〇年代からすでに五〇年になるので、そのときどきに「プロセスvsポストプロセス」がさまざまな国々で、どのような扱われ方で、影響があったかなかったかを見ていくのがいいのではないでしょうか。

三〇年以上前ですが『ワールド・アーケオロジー（*World Archaeology*, 13(3), 1982）』という雑誌で、それぞれの国の考古学の特質という特集が組まれて、イギリスで出ました。日本も含まれていて、国の考古学の特色があるということが、英語のメディアにしっかり出たことで、新たな認識を引き起こしたことがあったのではないでしょうか。多くのアメリカの考古学者たちは、自分たちの国の科学は当たり前と思っていますので。そのような違う考古学で、広まるべきものが広まらない、それは相手の側に問題があるせいだという発想をどうしてもします。そこに、科学における客観性という衣を着せるような感じですね。ただ、歴史を見たときに、考古学が国によって違うのは歴然たる事実です。そのへんの議論を今後かみ合わせることで、将来を開いていくような前向きな取り組みができないだろうかという感想を持ちながら聞きました。

◆プロセス考古学的フェイズからポストプロセス考古学的フェイズへの移行

溝口：ちょっと先生と違う切り口で、私の考えを申し上げてみたいんですが、実は日本もプロセス考古学的フェイズ（Processual Phase）とポストプロセス考古学的フェイズ（Post-Processual Phase）と表現される時代とその構えの変遷を経験している。いや、通過している、という方が適切かもしれませんが、実は、そのように思っています。[46]

　ここにおられる方々の多くには、突飛に感じられるかもしれませんけれども、かのミシェル・フーコーが『知の考古学』[47]で、言説の編成は連続性ではなくて、その切断性・断絶性によって解釈・意味付けされるべきであると言っています。それにならって眺めると、日本の考古学の言説編成にも、やっぱりそういう切れ目は入っているんじゃないかと思います。申し添えると、個々の考古学者の言明を時系列的にならべたときに、そのすべてに切れ目が入っているわけではもちろんありません。

　しかし、言説空間として鳥瞰すると、そこには見逃しがたい断絶があります。具体的には、マルクス主義的な言説編成。考古学者たちがどの程度そのこととその含意を意識してやっていたかは括弧入れするとして、マルクス主義的な因果関係のアルゴリズム。生産力と生産関係、それから、それらが必然的に産み出す矛盾、これを隠蔽して特定の社会構成体を維持する道具としてのイデオロギー。生産力、生産関係、そしてイデオロギーという三つの単位に考古資料を弁別したうえで、それぞれの挙動を記述する、というロジック、論文のスタイルは、一九五〇年代から一九七〇年代までは確実に存在していたわけですね。それはパラディグマティック（paradigmatic）に、必ずしも日本考古学の言説空間全体にあまねく広がり受容されてはいないけれども、強い影響力を持って、それに対して賛成か反対かという意見表明が多くの考古学者にある種の義務として認識されるような空気はたしかに存在しました。そして、そのような空気を背景として、先ほど述べたような因果性のアルゴリズムに楽観的に依拠する論文が多数書かれる。そのようなフェイズがあったと思います。

一九七〇年代後半以降、そのような空気がおそらく急激に衰退していく。やはりフーコーの言葉を借りれば、エピステミック（epistemic）な断絶と言っていいんじゃないかと僕は思います。さらに言うならば、その断絶のタイミングは、日本が〈成熟近代〉に入ってゆく、〈ポストモダン的〉な状況、社会編成に入っていったのとシンクロしていたのではないか。具体的には、第一次産業依存の社会編成、町工場でも大きな工場でも、擬似的な共同体の編成、そこで働く人間どうしの裸の付き合い、あたかも家族、親族のような相互扶助・運命共同体的な絆と感情が自然に成り立つような状態があった。それが、七〇年代ぐらいから本格的に変容してゆく。第二次・第三次産業依存の社会編成が本格化し、工場のフロアをこえて共有される疑似共同体的絆の広がりから、自分がそのときそのときにやっていること、仕事も趣味も含めて、生活世界としての時空間と、そこに広がる絆の単位が異常に細分化された社会の状況に遷移してゆきます。そのような流れの中で、前半にも申し上げたかと思いますが、社会を成り立たせるさまざまなファクターの間に成り立つ「一般的な因果性」に対する信頼感が揺らいでゆく。そしてそれは、一番シビアな帰結としては、僕が選挙で投票したって社会はちっとも変わらないだろう、自分がいくら政治的関心を持ったって、社会は変わんないだろうというような気持ち・空気感・あきらめの広がりと結びついている。因果性をプッシュして社会をエンジニアする、市民が共同的意思決定によって社会を操縦するという認識、民主主義の根幹の希薄化と、このエピステミックな遷移――、繰り返しますけれども、考古学においてはマルクス主義的言説編成からその衰退への遷移は、本源的に結びついているだろうと思います。

言い切ってしまえば、日本でもプロセス考古学的フェイズからポストプロセス考古学的フェイズへの移行は、言説空間の遷移と断絶としてたしかに起こって、そして今僕たちはポストプロセス考古学的フェイズ、生活世界に生きているんだろうと思うのです。

◆「古物学的営み」への退行

溝口：さらに展開することをお許しいただくならば、そのような流れの中で、非常にネガティブな帰結が現実化してしまっていると僕は思っています。端的に申しますと、言明・言説編成のための〈参照枠〉がなくなってしまっている、ということです。日本考古学という言説空間に、言明・言説編成のための〈参照枠〉が現在存在していない。もちろん、因果性のアルゴリズムに基づく言明・言説編成だけが、参照枠の条件ではないですが、かつて日本考古学が持っていた、それを引用参照すれば、みんなが賛成意見か反対意見を持つことができた、賛成反対とその理由を明示することのできた枠組みがなくなってしまった。これは、研究者としての自己がしていることの意味付けが困難になるということです。

この場合の意味付けとは、具体的にいうと「自分が行っている研究、書いた論文のどの部分がどのように他の研究者に受け入れられたか」ですが、その際、抽象的な議論の部分、歴史叙述、理論、方法的展開については、まったく受け入れられない。というか、議論の対象にならない、してもらえないという事態が今蔓延しています。

じゃあ、何によって自分の研究を評価してもらえるのか？　そうすると、抽象的な議論が参照枠を失って議論の対象・受容の対象にならないですから、いきおい対象の細かな観察、細かな記述、その方法と正確性・効率性の向上だけをやっていればいいんだという、そういうふうなあきらめ、退行ですね。僕は、これはあえて「退行」と言っていいと思っていることを明言いたしますが、いわゆる「古物学的営み」への退行。「自分は千個土器を見ましたよ」とだれかが言ったら、だれかは「一万個見ましたよ」と言った。そうすると、さらにだれかが「自分は二万個見るぞ」と宣言した。「それもありか？」と思ってしまうのが恐ろしいですけれども、そういう世界・状況への入り口は、今日、日本考古学の言説空間に、ぱっくりと口を開けている。そのように思っています。

◆「理論化する」ことの必要性

溝口：まとめとして、言いたいことが二つあります。一つめは、プロセス考古学、ポストプロセス考古学と他人事みたいに言っているけれども、われわれ日本の考古学と考古学者も、その遷移が起こった背景と構造的には同一な地平に立っている。そこに存在するフーコー的なエピステミック（epistemic）な断絶を実は体験している、と。そのような見方で、プロセス考古学、ポストプロセス考古学を見てみたら、それらに対して全然違うアプローチ、それぞれなりの態度表明ができるんじゃないか。自分の研究が、プロセス考古学、ポストプロセス考古学とどう関係しているのか、切り結ぶのかという見方で、日本において考古学を実践する僕たちとして、もっとリアルに対峙できるんじゃないか、ということです。

それからもう一つ。実はそういう二つのフェイズとその遷移をおそらく体験したにもかかわらず、日本においてそれがなんらの意味付けもなされず、なしくずしに危機的な言説状況を迎えている。僕はそのように認識しています。危機的言説状況を迎えているというのは、そのような状況を、自覚的に体系的に言葉にする、「理論化する」という態度がなかったからだと言えると思います。

これは強く申し上げたいんですけれども、理論的でない学問体系はありえないわけです。しかし、日本考古学においては――、「日本考古学においては」とここであえて言いますけれど、言語化する、体系化する、理論化するということを忌避する、いや、忌避するというよりは、反言語化志向・反体系化志向を美化するような傾向性・志向性があるのではないか。それこそ反射的理論化嫌悪とでも言えてしまうような、身体技法的なところまで深く根を張る志向性があるのではないか。しかし、それはリアリティの否定というかたちでの知的な怠惰であって、参照枠組みがない、それを持たないことによって、危機という切実な体験すらも共有できない。当然、失敗体験、成功体験も、どちらも蓄積できない。であるがゆえに反省することもできない。だから当然、「どこにも向かっていない」し、どこかに向かっているという感覚すら持てない。そういうことが、日本考古学の言説編成の規定的指向性とその問題点としてあるんじゃないかと思います。そしてこれは、世界的にみても非常に特異な現象だろうと思います。それは克服されなければならない。

ですから、プロセス考古学、ポストプロセス考古学、それらに体現された理論的な言説編成と、その背景にある社会編成・リアリティを、どのように理論化するのか。僕たちは今まさに、避けられない局面に達していることは間違いないと、私は考えています。

◆考古学の現場における困難

阿子島：理論的でない考古学はありえないのと同時に、実証的でない考古学もありえないですね。その意味で、日本の考古学の歴史を振り返ってみると、共通して感じるところもあります。しかし、私は一九七〇年代に学生となって以来、論拠になるような参照枠、理論に基づいて、さまざまな資料を合わせて検証していくことができるし、それが私たちの国や社会の将来に向かってプラスになるのだと、多くの人たちが信じて希望を持っていた時代を知っておるのです。私の方がちょっと年上なんですね。

その後、高速道路や新幹線開通あたりを境に、発掘の規模が非常に巨大化して、体制が整備されてきました。八〇・九〇年代に、しっかりと資料を集成して蓄積をして、正確に発掘調査を繰り返して集積していけば、自然に、理論的にも過去が明らかになっていくに違いない。そう楽観視していたのです。だから当面、まずは正確に調査をして、集積して集成をする。あるいはパターンを数え上げる。あるいはいろいろなパターンを並行して、合う、合わないと考えていく。あくまでも事実の集成、パターンの高次化という意味においての話ですが。これが考古学の行くべき道だとみんなが思っていた時期が、十年、二十年ぐらいあったのです。

少し単純過ぎる一般化というのは承知したうえで、かつてはこうした理論的な参照枠があって、それにしたがって研究をすれば私たちの社会も変えていけるという感覚が一般的に共有されていた時代がありました。各地域で在野の研究者たちがベースになっていた時代から、もっと広がった時代。規模が大きくなり、精度が高くなっていった時代。そのことが、やはり重要な目的とされてきた時代。最近、曲がり角にきているというのは皆さんと意識を共有しますけれども、個人的には私の亡き父が在野の地域経済史家だったことから私がこの道に近づいたこともあり、時代的な流れが大きくなっていることを感じます。

やはり九〇年代以降、機会があるたびに正確な資料を集積してたくさん積み上げれば、この先自然に方法論が発展し、理論が出てくるのでないかと、考古学者全体が共通して考えていたことだろうと思います。ただ、七〇年代以前のように、人類の社会の発展の段階をそれに従って検証していけばいいというような、理論的方法論的なモデルは今はもはや存在しないようだという状況認識も、必要ではないでしょうか。むしろ日本の場合には、実際の考古学の現場でどのような困難がどう出てきているかを共有することが、資料面、あるいは調査そのものの科学的な結果という面でも重要なのではないでしょうか。たとえば体験学習や、今までにわかった資料の公開や活用がいっそう重要になっているのも、歴史学として考古学を実践し、それを教えるだけではもはや成立しないという、曲がり角に来ているからということがあるのではないでしょうか。

ですから、それぞれの考古学を進めていくとその社会にどんな結果をもたらすか、それを予想したり考えたりしながら研究・仕事をしなくてはならないということは、日本は特にないのです。日本は先進国の一つです。G7のような国々から調査隊がやって来て、何か掘っていくような、そして先進国に留学して、学位を取って戻るのだというキャリアパスが日常的な国々とは、やはり考古学の社会的状況は違うんではないでしょうか。

日本のこの数十年の歴史を自らのものとして見直して、そのうえでアメリカやヨーロッパ、あるいは他の国々と比較しながら、日本では今後何をやっていくべきなのかを考える必要があるということには、異議は特にありません。それは客観的な科学を越えてしまうのかもしれませんが。

◆現場の感覚、国際化の重要性

菅野：日本考古学の場合で考えますと、たとえば私は縄文時代の集落が専門です。住居跡の形態のパターンなどを認識して、分類します。最後の解釈の段階になると、そこで準拠する枠がないので、しばしば素朴に解釈をします。この素朴に解釈する内容ですが、自分が今まで受けてきた教育とか、縄文時代の集落研究で今まで準備されてきた枠などを受け入れて、解釈をするパターンが多いです。

それがはたして本当にいいのかどうか。それから、「古墳時代の研究では、こういった研究をするとこういった解釈ができる」、あるいは「旧石器時代の研究では、これを代表としてこう分析すれば、こういった解釈の枠組みが準備されている」というのはあります。しかし、これは日本考古学の枠の中の話であって、それが本当に科学的であるかどうかということや、本当に正しいのかどうかはまた別問題のような気がします。

だから、そのあたりを自覚的に、自分が認識できるかどうかが非常に大事かなと思います。私自身は東北大学にいて、実はプロセス考古学を学んでいるつもりはまったくありませんでした。けれども、こうやってお話を聞いていると、私の方法はプロセス考古学に近いのだなという認識は出るわけです。そういった認識は、非常に大事なんじゃないかなと考えておりました。

溝口：ここでやはり、国際化の必要性・大切さのお話をせざるをえないと思います。まず申し上げたいのは、いまどき国際化がはやりだから国際化しなきゃいけないんだ、とかいうお話ではありません。そうではなくて、今までの私たちの対話の内容を総合すると、また私の話に事寄せて申し上げると、現在国際化は、今そこにあるリアリティへの対応としかいいようがない。具体的にお話ししますと、ポストプロセス考古学的フェイズ突入以前――、一九七〇年代前半くらいまででしょうか、そのころまでは国際的な言説状況に関与しなくても十分に意味のある、いや意味があると感じられる、実感のある研究ができた。その重要な背景として、資本の世界循環のスピードがすごく遅くて、本格的国際的企業(international conglomerate) もまだまだ発達途上である。そのような状況化では、一国一国、一地域一地域の中における問題・課題を探求する、一国史を復元的に研究すれば十分であった。というか、それ以上の広がりは特別なジャンルとして意識されない限り、求められなかったといってよろしいかと思います。東西冷戦状況の中で、東西ブロックに分かれて、世界の政治状況が安定していたのも大きいですね。この安定の中で、一国史、ないしは日本ならば「日本のなかの朝鮮文化」であるとか「東アジアのなかの日本古代史」などといったジャンルの研究をして

菅野智則（かんの・とものり）氏

おけばよい、という状態があったと思います。

◆変容するリアリティへの対応

溝口：しかし、八〇年代を境にそういう状況は崩れて、どこそこの国の経済の動向をその国固有の事態として語ることには意味がなくなる。それから、人口移動も増加し加速する。その中で、一国の中だけで社会と世界のリアリティを構成することは、ほとんど不可能になります。この状況にしっかりと向き合うのか、そういう状況はないものとして背をむけるのか。たとえば、今度シリアの問題で、ヨーロッパに難民があれだけやってくる状況をうけて、考古学も即座に反応しています。考古学的過去における「余儀なくされた移民（forced migration）」の例について、考古学的に蓄積された知識をまとめ、そこからさまざまなことを考えようという動きがおこっています。[48]

今の日本には、そのような動きは正面きってはありませんけれども、若年人口の減少であるとか、主に経済的な理由で移民を計画的に受け入れようというような生臭い話から、世界社会構成メンバーの責任として移民を受け入れようという話まで、日本でも話題になり、政治的な課題としての意識が浮上しはじめています。では実際に移民の人たちがこれまで以上に、一気に大量に入ってきたときに、どのような社会の反応が起こってくるのか。またそれに対して、政治は、市民社会はどういう対応を取るべきなのか？　この問題に、よりよい答えを導こうとするとき、「温故知新する」、過去の同様な事態・経験から学ぶということは、日本のそれとしてだけではなくて、世界的規模でなされねばならないことだと言わざるをえない。

ひるがえって、世界がそのような事態に至ったことの一つの現れと、それへのわれわれの対応としてプロセス考古学的・ポストプロセス考古学的なアプローチがあるとすれば、それらをわれわれの体験と知識の集合体として、たとえポーズであったとしても、まさにそこにあるものとして受け入れたうえで、自分たちの態度を決めなければならない。成り行きにまかせてプロセス考古学・ポストプロセス考古学に対して印象批評的言葉を紡いでやり過ごしてゆくのではなくて、背景としての世界の変化が導いた困難な状況の中で生き延びてゆくための考古学を実践してゆこうとするならば、当然のことだろうと思います。

そういう意味で、僕たちは、プロセス考古学もポストプロセス考古学も、ひとしく学ばなければならない。そのような状態に置かれている。学ばなければならないということを認識できないということは、そういう世界のリアリティに背を向けている、といわれてもしかたないだろうと思います。ですので、考古学の国際化は、政府の掛け声にうながされての国際化であるとか、大学改革の一貫としての国際化とかいうレベルとはまったく違うレベルの問題として捉えられないといけない。少しおおげさに申し上げますと、この世界に生きてゆくために、そのリアリティとその変容にどのように対応してゆくのか？僕たちの存在の根幹にかかわる問いそのものがグローバルになってきたときに、自然に取るべき態度は、フーコーの概念を借りるならば〈集蔵体〉として存在するプロセス考古学・ポストプロセス考古学という知識の総体を、それぞれのやりかたで相対化し、言葉にして、それを用いて生き抜いてゆかないといけない、それだけのことだろうと思います。ちょっと強い言い方になりましたけども。

◆理論・準拠枠への自覚

中尾：ありがとうございます。先生方の見事なご協力によって、だんだんと話が収束してきたような感じがしています。浮かび上がってきたのは、やはり、今後日本考古学が、どういうかたちで発展していけばよいのかだと思いました。私が最後に聞きたかったのもそこです。先ほど阿子島先生の言葉にもありましたように、やはり事実を集積していれば何か見えてくるんではないかという雰囲気があったのではないか。考古学をしている自分たちが参照すべき枠、準拠枠、あるいは理論に、あまり自覚的でなかったんではないかという印象です。

ここで名前を出していいのかわかりませんが、たとえば田中琢先生が梅原末治先生のところへご相談に行かれたときに、表面だけ見て真偽を出すことは避けたいというような言葉を言われた話がありましたが、私自身もちろん考古学には実証が大事だというのはわかる一方、何らかの理論を出さなければ考古学は進んでいかないんだということも、うまく共有された方がいいんじゃないかなと思いました。ではたして、そういう理論への好意的な雰囲気を可能にしていくことができるのか、あるいはそれを可能にするためには、どうしていったらいいのか。それが現実的な問題としてあると思うんですけれども、いかがでしょうか。

阿子島：大変大きな質問ですね。答えがわかれば、すぐにみんな進んでやりましょうってなるんですが。世界のどこを見ても、日本ほど集積された質の高い資料がある場所はないと言っていいです。ただ問題は、それをどう組み合わせて、私たちの国の歴史ということではなく、人類の歴史の一つのサンプルとして――、というとあまりにもアメリカ的に聞こえるので避けますが、一つの地域の歴史として提示できるのかということです。ここではこういうことが起きて、その知識は人類全体のための大変良い材料を提示する場所である、と。歴史学として、どんな組み立て方をして、どういうことを明らかにして、まとめていけばいいかを、一度、あるいはそれぞれの歴史の立場の考え方によって、真剣に模索していくべきときではないのだろうかという気はいたします。

「アメリカのこの理論を適用するとこうなるんじゃないだろうか」とか、「これはポストプロセスの反証になるんじゃないか」とかいうことはやめたほうが良いのではないかと思います。アメリカやヨーロッパで行われている理論的な信望やら論争に、日本の資料を当てはめるのではない。むしろ、一回本当に、ある地域の歴史を組み立てていくとはどんなことを変えていくことなのか、何をまとめていくのだろうかと考えるのが良いのではないでしょうか。資料がない、実証性がない場所では考えることができません。だけど、私たちの日本列島には、このような資料がすでにあるので、真剣に考えればそれなりの成果が出せていくと思います。それは日本にとってというよりも、人類にとっての、一つのある地域での歴史、実証性を持った歴史に対して、投げかける材料になるとも思うのであります。

鼎談のようす

繰り返しですが、アメリカでこう言っている人がいるとか、反対にポストプロセスの科学的言説の現在的論拠とかを日本に当てはめるのではない。かつて七〇年代ぐらいまで、私たちの歴史学・考古学は、ある考え方をかなりしっかりと共同体として持っていました。そこに戻ることは、資料が違うし制度も違うし、もともとの理論的体系が崩壊したとされる中で、もちろんできないことではありません。だけど何かしら、人類史にとって歴史はこういうふうに展開していくのではないかということを、問いかける材料を考えていくべきではないだろうか。日常的に考古学や文化財に携わっている数千人の共同体の中で共通の認識として考えていけば、それなりの方向は出てくるのではないかと認識している次第です。

溝口：先ほど、プロセス考古学もポストプロセス考古学も、それを学び自らのものとすることは、今日の世界のリアリティの中では避けがたいことだといいました。しかし、二枚舌、三枚舌と受け取られてしまう心配もあるんですけれども、だからプロセス考古学とポストプロセス考古学を枠組みとしてそのまま導入しなきゃいけないということには、まったくつながらない。そうではなくて、プロセス考古学とポストプロセス考古学を必然とした世界の情勢・構造の遷移の中で、「考古学する」ということ、過去の人間の思考と行為の痕跡を観察し、パターン化し、意味付け、それに基づいて思考し、判断し、行動するということを意志するときに、じゃあどうすればよいのか？　そのときに、そのような営みの先行者としてのプロセス考古学、ポストプロセス考古学に学びつつ、僕たち固有の理論化をしなければ学問として成り立たないし、人類のサバイバルにも貢献できない。端的にそういうことなのです。そのような認識があるならば、必然的に、われわれが置かれた社会的なリアリティに対応した理論化は、それこそ自然に、根源的に成されてゆくのだろうと思います。

ただ、そのときに強調しなければならない大きなポイントがあります。私は二〇一五年に『アンティキティ（*Antiquity*）』誌に、「考古学の未来（A future of archaeology）」という論考を寄稿しました[49]。その中で、今日の考古学の世界は理論の供給ブロックと消費ブロック、それから、データ供給ブロックと消費ブロックに分かれていると指摘しました。その区分は、かつての植民地宗主国と植民地との区分といまだに大きく重なる、と。植民地宗主国が、さまざまな人類の悲劇を引き起こした当事者としての自己反省に基づいて、自らの営みとしての考古学の理論化を先行させた、深めたところはあります。実際、ポストプロセス考古学的理論群の多くは、そのような営みの深化とともに登場してきたということも可能です。しかし同時に、そのような反省なく、植民地時代、すなわち近代初期の社会編成の延長線上、資本主義の発展の延長線上に粛々と考古学を行う、そのような世界観をなぞり強化するような理論化が行われてきた、そして今も行われているという事実もあります[50]。

今日グローバル化がさらに進展・深化するなかで、さまざまな問題解決を、各地域の置かれた特異な状況にそれぞれ対応しつつも究極的にはグローバルな状況への関与を目指して行われなければならないとすれば、僕たちは世界の状況を、またその背後にある構造的・システム的トレンドを知らなければならない。極端な単純化を交えていうならば、今日の世界の編成は、イデオロギー的に、またさまざまな社会システムの編成において〈新自由主義〉的トレンドに主導されている。新自由主義はすべての社会的な問題は、究極的にすべて個人の責任に起因するというロジックを超越的枠組みにするパラダイムでありますけれども[51]、今日の考古学の理論が生産され、消費される状況は、まさに新自由主義的サイクルそのままとも言える。だとすると、われわれはやはり、新自由主義に対するアンチ、反対運動を構築しなければならない。

大げさに聞こえるかもしれません。しかし、これは今そこにある事実だと思っています。そしてそのような運動は、おそらく古いタイプの労働運動タイプのモデルとしては構想できない。そうではなくて、緩やかに僕たちそれぞれの日々の暮らしに寄り添い、実行できるタイプのモデルでなければならない。難しい問題ですが、それを「考古学する」という営みを通じて考え、実践してゆくことは、すごくやりがいのあることだろうと思います。そして、先ほど阿子島先生がおっしゃったような、ユニークなアドバンテージを、日本の考古学、日本列島の考古学が育んできたということは、事実だと思います。

なので――、ここまで、国際化は「避けがたい」、そしてサバイバルするためにはそれを「やらねばならない」などと、非常にネガティブかつ、気持ちが暗くなるような言明を続けてきましたが、ポジティブな言明を行うならば、そのようなユニークなムーブメントを日本において組織することは可能である。そして、僕たちはそれを世界における理論の生産地・データの消費地に対する対抗運動としても行うことができる。もしネオリベラリズムがイデオロギーとして僕たちの存在に深く影響を与えるのならば、僕たちの経済的な存在のあり方だけではなく、日々の発話、思考にも深い陰をおとすはずです。それらを変えてゆくために、日本発の理論化が世界の考古学に実質的に貢献する可能性がある。そのぐらいのことは、われわれは希望として持って今後やっていっていいんじゃないかと思っています。

◆埋蔵文化財行政の現実

中尾：では、菅野さんのご意見もお願いできますでしょうか。

菅野：私の普段の業務は、大学の中の埋蔵文化財に関して開発前に調整したり、調査や整理を行うことです。その日々の埋蔵文化財行政的な行為の他に、考古学としては今お話に出ていたような国際化の問題とかいろいろ課題があることは承知しています。本当に常日頃気にはしているのですが、なかなか考えがそこまで及ばないというのが現実です。

日本の場合、埋蔵文化財行政に関連する集団あるいは業界が、非常に大きくなっております。日々の調査や整理の成果を踏まえて、新しい日本考古学の理論化ができればいいなとは思います。しかし、それがなかなか難しい。

中尾：本当はこの対談でも、もうちょっと社会的な側面といいますか、現実的なお話もした方がいいのかなと思うんです。しかし、現実的な話をすると、たぶん「どうしようもないよね」になって終わりそうなので出しませんでした。資金がなくなり、人手がなくなり、時間がなくなり、「さあ、どうしよう」「どうしようもないよね」という状況は、どこの業界でも一緒でしょう。考古学に関しても同じで、そこでプロセス・ポストプロセスと言われても、「考えてる時間ないわな」みたいに聞かれた方もおられるんじゃないか、「認識論って言われても、そんなのわかってるけど、忙しいから」という方も、多いんじゃないかと思っております。

そういった中で、はたして今後目指すべきところをどこに設定し、どう進んでいったらいいのか。たぶん制約はなくならないだろうし、厳しくなる一方の中で、もしかすると阿子島先生、溝口先生が退官されるころまでは、あまり気にならないような話かもしれないんですが、われわれ以降の世代にとっては一番重要なことで、これから厳しくなる一方の制約の中で、はたしてどういう戦略でやっていったらいいのかを、ちょっとお聞きしてみたいと思います。

阿子島：難しい、厳しいところです。私の方が先に退職しますので。

中尾：そうですか（笑）。

◆歴史の叙述としてまとめる意識

阿子島：それはどうでもいいんですが、失礼しました。やはり今までの資料を、各地の資料館やそれぞれの雑誌や概説など、さまざまなところにデータとしてまとめていこうという流れは出てきていると思います。講座ものや通史は一つの例かもしれませんが、雑誌などでも扱っている分析が一体何を明らかにしたいかを標準的に要求する気運はあると思います。それは科学として、考古学の現状に対する危機感の現れではないかと思います。ですから、プロセスだとかポストプロセスだとかぐちゃぐちゃ言わないで、今までしっかりまとめてきたそれを、もう少し、通史として各時代のそれぞれの、自分の専門とする時代ということから始めるのが良いのではないでしょうか。歴史の叙述としてまとめて書くのならば、どういうことに、どういう流れになるのだろうかを考え、それをまとめていくという、何の変哲もない面白くもない結論ですが、そのあたりに尽きるのでないかと思うのですが。

海外のものを読んだり、考えたりするのは特殊な才能も必要としますし、第一に時間が必要です。言葉が違いますからね。そういうところでたくさん読んで書く人がいたら、その人に「環濠集落って同じようなものが新石器時代のここにないのかい、あなたそういうこと調べてくださいよ」って、厳しい質問を浴びせれば良いんじゃないでしょうか。たとえばそういう役割分担的なことも考えられる。

先ほど、縄文の集落論でパターンが見えてきても、それをいったいどう位置付けていいかが、各人の試行錯誤に委ねられてなんとかならないのかという、そんな話がありました。それをもとに、たとえば北上川中流域において、集落から見たらこう変わってきたんじゃないかとまとめておられることを、各人各時期によってなされたら、これだけの資料が蓄積されて、研究者がまとまっている場所ですので、おそらく将来を指し示す大きな成果になるのではないかと思います。

今日の対談の打ち合わせはしていないのですが、注意点があってですね、ちょっとだけ披露したいと思います。

溝口：怒られるかもしれませんが。

阿子島：「日本考古学は」という表現は、あえて避けるということでした。あとは、わが国の悪口ばかり言わないとかですね。もう一つ、横文字はできるだけ日本語に直して話すこと。翻訳できない場合は、その言葉を説明するという、配慮がありました。この場でちょっと披露してしまいましたが。その意図を前向きに紹介しようと思ってのことです。わざわざ貴重な休日に来ていただいている皆さんに、前向きの何か参考になるようなサジェスチョンを一つでも、二つでも提供できたら、それが一番大事でないかという意味だと捉えていたんです。

◆サバイバルのためのパッケージ化

溝口：うーん、最後に意外にも、先生とまったく対立することを言わなければならなくなってしまいました。ここまで、意外にもとても近いところに来たのかなと思ったんですけど、ここでは、私は全然ちがう考えをもっていると言わざるをえません。

サバイバルのために、知識の集積と交換を、徹底して効率化しなくてはなりません。生きてゆくために、どうやったら生き延びられるのかについて、情報交換しなきゃいけない。で、そのためには、明示化、体系化、プログラム化が必要です。で、ここまで語ってきたプロセス考古学、ポストプロセス考古学、これらはプログラムでありパッケージです。そして、僕たちは、どういう社会に生きたい、どういう世の中にしたいという希望・欲求を込めた世界観をまず定立・定位して、それを達成するためにはどのような科学的な言説を紡いだらいいのだろうかというかたちで、方法と理論、そして説明と理解のプロセスを、アルゴリズムに、ダイアグラムにまとめてゆく。そのように、広義の理論体系はできあがってゆきます。それはそのままサバイバルするためのパッケージですね。そのまま即座に、知識を集積し、交換するためのパッケージとして、ツールとして使えるものになると思います。そのようなツールの具体例として、プロセス考古学、ポストプロセス考古学が存在する。そういうプログラム、ダイアグラムとしてすでに存在するものがあれば、それをまず学ぼう。そして、われわれ固有のリアリティへの対応、リアリティをサバイヴするためのプログラムをこれから作ろうというときの参考にしよう。それが、僕たちが考古学を通じてサバイバルしてゆくための、一つの方策ではないかと思います。

ですから、地方公共団体・行政内部で研究をなさっている方も、大学で研究をしている方も、それから極端に言えば在野の方も、そういうプログラム、ダイアグラムのサバイバル・ツールとしての効用を、十分に、いや、これまで以上に認識して作り、そしてそれを枠組み・単位として、情報の集積と交換を行うことによって、考古学はよりよくなってゆく、存続してゆけるだろう、と申し上げたいと思います。

もう少し展開させてください。なんども繰り返しているのですが、グローバル化の中で、いろいろな意味で、一人一人がサバイヴしてゆくことが難しくなったということ、このことは、一つの帰結として、フォーマルな政治活動以前に、それぞれの生活を変えないとやってられない。言い方を変えると、少し極論になりますが、投票行動以外でライフスタイルを変える、日々の自分のあり方を変えることを通じて、自分を取り戻しつつ世界に関与していこう！、というムーブメントを常態化・一般化したという側面があると思います。

イギリスの社会学者アンソニー・ギデンズはこのような流れと、そこから出てきたさまざまなムーブメントを〈ライフ・ポリティクス〉と呼んでいます[52]。このことと、これまで長々と繰り返し僕がお話し強調してきたことを総合すると、今日の世界は、個々人のライフ・ポリティクスに合わせた考古学のプログラムが必要とされる世界である、ともいえる。実際、ポストプロセス考古学「たち」というのは、そのようなプログラムといっても間違いではない、と考えているのですが[53]。そして実際、そのようなことを可能にする条件として「考古学のプログラム化」が進めば、すなわち、個々人のニーズにあわせて取り替え可能な部分・ツールの集積体として考古学理論が整備されれば、またまたフーコーの概念を借りれば〈集蔵体〉の中から、自分はこのツールをその歴史性をこのように読み込みつつこのように選んで、他のツールと組み合わせて……、などなどとやっていって、ライフ・ポリティクス的実践としての自らの考古学の実践パッケージをカスタムメードする、そういうことが可能になってゆくんじゃないかと思いますし、これから、たとえば地方公共団体・自治体で考古学を市民サービスのツールとして生かしてゆくときにも、そのような発想は有効である。ツールとして今まで集積されてきた知識を、どのように組み合わせて、固有な背景・コンテクストを持つ個々の自治体市民のためにカスタムメードしてオファーしてゆくのか。これは今こそ必要なことですし、しかももしかすると市民の方々の方が、この点ではすでにより先に行っているかもしれません。というのは、ギデンズ的なライフ・ポリティクスは、もうすでに市民の間に根付きつつある。そういう生き方を選択する人は、グローバルにもまた日本でもすでに出てきているわけですから、おそらく考古学の方が後追いになるでしょう。

長く、複雑になりましたが、そのような意味で、僕は阿子島先生や皆さんが思っているイメージとはずいぶん違うかもしれませんけれども、考古学の生き延びる道は徹底した理論化である、ツール化である。パッケージ化された知識と経験・体験を効率的に集積し交換し変容させる。そのことを可能にする枠組みを産み出し、更新してゆかないかぎり、考古学の明日はない。そして、そのような集積、交換の枠組みは、グローバル化した世界においては、当然グローバルなものにならざるをえない。そのような意味において、日本考古学は必然的に国際化もしなければならない、そのように思います。

◆進化理論との共通性

中尾：ありがとうございます。もしかすると最初にこの質問をしておけば、もうちょっとバトルになったのかと思っているのですが、そろそろ時間がやってまいりましたので、この研究会の後援をしていただいている研究費のボスであります、東大の井原泰雄先生に、今回の企画についてコメントをいただけるとありがたいのですが……。

井原：東大の井原と申します。私自身は自然人類学の分野におりまして、実は考古学については何も知らないのですが、今日の話は面白く聞かせていただきました。ありがとうございました。

私自身の分野と似たような話がいくつかありましたので、その話をさせていただきます。私は、自然人類学の分野の中でも進化理論と人間の行動の進化に興味を持って、研究しています。まず、考古遺物のデータは集積しているけれども解釈が結構難しいという点について話します。特に因果的な解釈をする際に、客観的じゃないという問題が出てきます。似たようなことは、他のところでもあります。進化理論では、もともとダーウィンの進化理論、自然淘汰の理論には、生物の多様性に対して、その生成メカニズムを推定するために、因果的な解釈を与えるという側面があります。現在の進化生物学あるいは集団遺伝学では、いろんな意味で定量化や数理モデル化がされています。特に、中立進化の理論のモデル化が非常に発展しています。結局、中立進化は自然淘汰による進化ではなくて、偶然による進化です。現在観察される生物の遺伝的多様性が、どのくらい自然淘汰によるものか、あるいは、偶然の効果によるものかを分析する理論体系があります。

もともとは、この自然淘汰が、生物の遺伝的多様性が発生するメカニズムだと考えられていました。しかし、実際にそのデータが集積してきて、生物の遺伝的な多様性を見てみると、とても自然淘汰だけでは説明できないとわかってきました。そのデータがたまった後で、どうやったら説明できるんだろうとなって、中立理論の発展に結びつきました。

ぼんやりとした言い方ですけど、考古学でももしかしたら似たようなことがあるかもしれないと思いました。特に日本では、質の高い大量のデータが集積している。このデータをどう解釈するかが問題だというお話がありました。ある程度、定量化、数理モデル化に研究の方向が進んでいくと、意外とブレークスルーみたいなものがあるんじゃないかと、思いました。

◆楽しく明確な意見交換のための理論化

中尾：ありがとうございます。では、最後に溝口先生からコメントをいただけますか。

溝口：ポストプロセス考古学をおこがましくも代表するということで、非常に人文的なアジテーションをかけてまいりましたけれども、今実際、僕が研究しているのは、コミュニケーション・システムがさまざまなタイプの（社会的・自然的の双方を含む）環境変動にさらされたときにどのように遷移するのか、具体的にいうとどのような多様性が試行錯誤的に発現して、どういうモードとして安定定着してゆくのか、その実態をシステムと環境の共変動プロセスとして把握しパターン化する、そういう研究をしております。[54] 現在と過去を行き来し、対象を変えながら、同様なプロセスを繰り返し繰り返し分析し、広い意味でのパターンを導こうとしています。要するに、一つ覚え的に、パッケージの運用を繰り返しているわけです。そして、さっきからパッケージ、パッケージと言ってますけれども、パッケージはばかにできない。たとえば、データ群の選択は、行き当たりばったりにできるものではありません。ある目的性をもって、それに照らして、「このデータだったらうまくゆくんじゃないか」と見当を付けて調べてみる。そして、うまくゆかなかったら、どこかまで戻らなければならない。そのときに、どこまで戻ればよいのか一つをとっても、パッケージとしての理論と、それが導くアルゴリズムがないとやってられません。そういうものとして、パッケージは端的にありがたいし、そういうものでありたい。

違う言い方をすると、「理論化がないと、そういうことってできないよね」ということです。知識を楽しく披歴することもできないし、楽しくディスカッションすることもできないし、楽しく相互批判することもできない。なぜかといえば、よって立つ枠組みがなければ、人は余裕をもつことができないからです、端的にいって。

そして、楽しさが消えてしまうと、学問――、言説を紡ぐ行為はヘビーな作業ですから、ルサンチマンがたまってしまいます。怨念がたまる。なんだか、語っても語っても自分のことをわかってもらえない、なんでわかってもらえないんだろうか、世間が悪い！みたいな。……ちょっと大げさに言いましたけれど、やっぱりルサンチマンが蓄積してしまうような学問分野は、僕は滅びると思います。そういう意味でも、理論化してパッケージ化して、楽しく明確に意見交換できるようになることによって、学問としてのサバイバルもできるし、学問としての進展もある。そうなったらいいな、と思っております。

◆メンタル的なものを扱う視点とは？

菅野：ありがとうございます。ちょうど時間が来ておりますので、質疑応答を始めたいと思います。質問をたくさんいただきました。すべて消化はできませんので、こちらで選ばせていただきます。よろしくお願いいたします。

それでは、阿子島先生への質問です。溝口先生から、メンタル的な行為というお話がありました。ミドルレンジ的な議論ができないと思われたものにも手を広げるという意味で、どのような視点から、メンタル的なものを扱っていくべきかをお聞きしたいとの質問です。

阿子島：これも難しい質問だと思います。やはり、残っている資料として何があるかと、そこにどんなことが反映されているかが、これまであまり突き詰めて考えられてこなかったというきらいは、たしかにあると思います。たとえば何げなく、石器の型式の再現が人間集団を反映しているに違いないとか、その検証をどうやってしたらいいのかもわからない、こう循環的な論理なのかもしれないが、それがわからないというような……。直接資料に残っていること以上に、何を反映しているとみればいいかが、なかなか議論になっていない現状がありました。ですので、ミドルレンジ的であるかどうかはわかりませんが、今の資料の例であれば、ナイフ形石器の細分のその形態は人間集団を反映しているという議論が、どのぐらいどうなされてきて、その根拠になっているベースはどこにあるか、これが循環的な議論になっていないかどうか、まずその直接資料に残っていないものを、どうやって見るか。

今のは、メンタルというよりも社会関係的な部分の話ですが、同じようにメンタルなところが、形にどう反映されているかを突き詰めて考えないと、なかなか議論は先へ進まないと思います。メンタルなことというのはごく抽象的な表現ですけれども、実際には、それぞれの民族の文化では、メンタルなもの、社会的なもの、技術的なものが、どのように統合されて、形としてそれがどう動いているかは、やはり消え去った文化では方法論的宿命として、見えません。ミドルレンジ・セオリーでいうならば、民族考古学での多くの事例を集めてみたときに、その人類経験の総体に近いものまではいかないでしょうけれど、人類の経験として持っている幅が、ある程度見えてくると思います。そういう中で、時間的には現在、あるいは観察しうる近い過去、民族誌的現在であっても、メンタルなもの、社会的なもの、それから直接モノの属性に現れるもの、現れること、これがどういう関係になっているのが人類としての一般的な原則に近いかを見ることは、やはり必要です。実証的に進めていくことは手続き的には可能なことだと思います。

その後、この地域では、これがメンタルなものの反映であるという議論は、あるいは同時進行で進められるのでないかと思います。もう一つ、以前に、私がミドルレンジ・セオリーを論じたいくつかの中で、現在を以って過去を解釈することと同時に、過去の世界の過去の文化どうしを比較していく。ここに一つの、方法の突破口があるのではないかと論じたことがあります。すなわち、農耕が始まるときは、メンタルなもの、社会的なもの、技術的、モノに残る経済的なもの、これがどういう関係にあるかを、民族考古学であれば、現在の農耕文化の周辺にあるようなところや、記録に残された近い過去の農耕が波及する周辺のデータに求めるわけです。

その趣旨を考えてみますと、やはり農耕が始まるころは特に東アジアに限らずいろいろな地域で、農耕が、技術的、経済的に始まったり波及したりするときに、社会的なものと思われることで何が起きるか。あるいは精神的な表現にどんなことが起きるか。それをいったんミドルレンジ・セオリーの、ビンフォード的原則には反するかもしれませんが、過去の世界どうしの比較をこの理論を発展させるための方法として位置付けていくことが、手続き的に順当であり可能なことであると考えます。つまりミドルレンジ・セオリーは、現在の世界と残った考古資料との間の関係ばかりでなくて、さまざまな文化が統合されている様子を、望ましくは環境や発展段階が似ていて、かつ歴史的系統関係のない離れた地域を相互に比較することで、人類の文化の展開道筋に共通するようなことがあれば、そこに現れてくるのではないかと。

表現型というのは違うかもしれません。何か土偶に仮託された形と、別な石の何かに仮託されているものて表現型は違うかもしれないが、そのようなものが別な形でも生じるという一般性がある。たとえばそういう形で発展していくことは、プロセス考古学といった用語を使わなくても、同じような比較研究の考え方は、考古学の基本的な方法論として、やはり重要なものとして位置付けられてきたのではなかったでしょうか。ただそれを、本当に直接、モノに残っていることと、すぐには見えないこととの関係として取り直していくという、こういう発想は正面から行われなかったかもしれません。先ほどの集落の配置が、どんなことを反映するかというような疑問、あるいは同じような平面形を持つ一連の集落に、あるパターンを持った地域と同じようなことが別なことで現れている。それらを比較していくのは資料のレベルで観察が可能であります。類似のパターンがあるとすれば、必ずそこには因果的な関係が背景に存在するに違いありませんから。

◆考古資料を解釈する判断基準は？

菅野：ありがとうございます。次に溝口先生に、考古資料を解釈するうえで、多くの言説のうち、どれが正しいかという判断基準をわれわれが持ちえないと、相対主義、ある意味思考停止になると思うんですが、それについてはいかがでしょうか。

溝口：お答えします。まず、私は完全な相対主義を標榜してはおりません。繰り返しになりますけども、ある一定の世界観に基づいて、どのようなことを知りたいか、という問いがでてきます。で、どのようなことを知りたいかが決まれば、それをどのように知りたいかが選択されます。何をどのように調べるか、知るかが決まれば、あとは多かれ少なかれその枠組みにそってイベントないしはパターン、もしくはシステム相の遷移のシークエンスの復元、その意味付け、具体的には説明ないしは理解という流れがつづきます。そうすると、シークエンスの復元以降の作業の流れには、科学としての優劣が確実についてくる。よい研究と悪い研究、正しい復元と誤った復元の弁別が確実に可能になります。

具体的には統計的な認識の正誤・優劣、それから質的観察的正誤・優劣、いずれにせよ明確な基準を設けて優劣の判断はいつも、分析作業段階には可能となるわけです。ここからがポイントですが、僕が今日強調したのは、今申し上げた研究プロセスの、イベント、パターン、システム相の遷移のシークエンス復元ステージ以前の段階、すなわち何を知るのか、どのように知るのかを選択するステージ、それから復元されたシークエンスをどのように意味付けするかというステージには、個々の研究者の社会的存在様態に規定された選択判断が避けがたく関与します。ということは、これらの研究ステージにおいては、そこでの選択に客観的優劣をつけることは難しい。いずれのステージにも立場・枠組みの選択において、広い意味での個々人の世界観が関与してくるからです。

ですから、科学性が貫徹できる研究過程のステージ、フェイズと、そうではないステージ、フェイズがあるということですね。完全な科学性・客観性が不可能な研究ステージ、フェイズにおいては、選択の根拠と意味について、それぞれに議論をつづけなければならないということです。

◆分析考古学について

菅野：続いて、デビッド・クラークが一九六八年に書いた『アナリティカル・アーケオロジー（*Analytical archaeology*）』について、どのようにお考えかという質問です。学史的なことを含めお願いします。

阿子島：デビッド・クラークはシステム理論になぞらえて、考古学の資料を階層化して、それらの相互関係を解き明かそうとしていった。だけれども彼は、その中で使っている用語として、アーケオロジカル・セオリー（archaeological theory）ですか、そのパターンがどんな意味を持っているかは、システム上のこの分析そのものの問題ではなくて、考古学者が持っている文化の捉え方によって解釈が行われるという、ちょっと二重構造的なことを言っていた記憶があります。デビッド・クラークの『アナリティカル・アーケオロジー』の話題になったときに、このアーケオロジカル・セオリーは解釈するための理論だと書いてあるので、あるときビンフォード先生に、「ミドルレンジ・セオリーとどう違うんでしょうか」と素朴にお話ししたことがあります。そのときは「趣旨は大体似たようなことですよ」というお返事でした。すなわちパターンや、資料そのものを階層的に構造化して、それがそれぞれの時代・時期でどう組み合わさっているかとか、変化していくかとかを捉えていく分析ですね。ただ、それをどう解釈するかが、その分析そのものとは違うのだということです。

アーケオロジカル・セオリーが先行研究としてあり、デビッド・クラークと自分はそれほど違わないとビンフォード先生は書いた。けれどもほとんど注目されず、その意味がよくわかってもらえなかった。そこで自分は、刺激的な見慣れない言葉ならみんな見てくれるだろうと、ミドルレンジ・セオリーという言葉を社会学から借りて、言い出した。そうしたら今度はみんな聞いてくれたらしいです。ビンフォード先生は亡くなってしまいましたし、どこまで正確にお伝えしているかちょっと自信がありません。六〇年代、イギリスとアメリカのそれぞれで、実証的な理論化を目指そうという中で、事実のパターンがどんなことを意味するかを問い直す考え方が、大西洋の両側、二つの優れた知性の中で、いわば収斂的に出てきたことを記憶しておくべきでないでしょうか。

溝口：私がすべてを評価できるような見識をもっているわけではまったくありませんけれども、『アナリティカル・アーケオロジー』は、第二世代のシステム論を水準高く咀嚼して、考古学に非常に体系的に導入する試みであったと思います。セカンド・オーダー・サイバネティクスの概念を十全に導入・運用しつつ、システムとサブシステムの成層的存在様態とそれら個々の〈軌道〉が、どのような傾向性を持って展開するか。阿子島先生もおっしゃいましたけど、クラーク先生はレギュラリティ（regularity）としてこの傾向性を厳密に把握・記述なさいました。具体的にはタイム・パターン・レギュラリティ（time pattern regularity）、システム・パターン・レギュラリティ（system pattern regularity）として、考古学的な痕跡・資料のマイクロからマクロにいたる構成要素個々の時空間的な挙動をシステムの挙動として把握された。そして、それが考古学資料の構成要素個々の時空間的動態として、量的にどう表れるのかを、属性レベルから始めて文化集団のレベルに至るまで徹底したということです。これは、壮大かつ緻密なモデル形成であったわけですね。

　しかし、クラーク先生は病死されてしまいまして、それを実際に検証するケーススタディを十分に展開できなかった[55]。ただ実現されなかったクラーク先生のケーススタディ、そこから展開されたであろうプロジェクトがいかなるものであったかの片鱗は、『モデルズ・イン・アーケオロジー（*Models in archaeology*）』というクラーク先生ご自身が編集された論文集に収められた、ご自身の論文から窺い知ることができます。ケーススタディとして、イギリス・サマセット州グラストンベリーの有名な鉄器時代の集落跡のご研究を出されています。そこでは、『アナリティカル・アーケオロジー』でモデル化された枠組みにそって、集落を構成する考古資料・諸情報、諸要素を、成層的・階層的に整理したうえで、それぞれについてシステム的な挙動の観点と、エスノグラフィーのアナロジカルな観点から復元と意味付けを行い、現在の理論考古学、また、イギリスの鉄器時代研究それぞれの研究水準から見てもユニークかつ高度な集落構造と機能、社会システム・地域システムの復元をやっておられます。ですので、『アナリティカル・アーケオロジー』をお読みになったうえで『モデルズ・イン・アーケオロジー』のクラーク先生のグラストンベリー論文を読まれたら、クラーク先生が実現しようとしていた考古学のかたちがよくわかると思います。

まとめますと、『アナリティカル・アーケオロジー』はプロセス考古学的フェイズにおいて、物質文化のマイクロからマクロまでの挙動のレギュラリティについて楽観的な信頼を置きつつ、非常に洗練されたモデルを産み出された名著だと思います。

◆「ムカシのミライ」が意味するもの

菅野：ありがとうございます。中尾先生のお考えをもう少し詳しくお聞きしたいと意見がありました。まず今回の題名「ムカシのミライ」も中尾先生に作ってもらったので、その背景を説明していただけないでしょうか。それから、一気に三人に質問です。「本日の会談は考古学にとっていろいろな考察がうまくいったと思うが、考古学から他の研究領域に対して、提起するための理論的考察は可能か」。そういった概念的なものを示して、お三人から意見をいただければと思います。まず中尾先生、「ムカシのミライ」の意図はなんでしょうか。

中尾：「ムカシ」というのは考古学を指していて、「ミライ」が考古学の将来ということです。

菅野：今回、プロセス考古学、ポストプロセス考古学を聞いた感想はいかがでしょうか。

中尾：思ったよりバトルにならなくてちょっと寂しかったところはありつつも、平和主義者と言われながらも意外と対立する本音がぽろぽろと出てきたので、そこが面白かったところです。あと、考古学の世界的な現状として、プロセス考古学もポストプロセス考古学も、まさにスタンダードかと思いますが、それに対して日本――、こういう言い方するとまた怒られるような気もしますが、日本はある意味距離を置いてきたとは思います。海外でまさにそれを学んで帰ってこられたお二人に、その距離に対するご意見を実際にうかがえたのは、非常に楽しかったといいますか、勉強になったところがあります。

あともう一つ面白かったのは、溝口先生の言葉をお借りするなら、やはりフーコーの断絶といいますか、日本でもいろいろな理論的変化があったというお話は、歴史的に非常に興味深く聴いておりました。

阿子島：プロセス考古学とポストプロセス考古学と対比させるとバトルみたいに聞こえますが、そんなにかけ離れたものではなくなってきていると、たしかに思います。実証的にどんな資料で何を見るか、研究そのものの中でどういう方向でやっていくかは、それほど違いはなくなっています。先ほども出ていたように、メンタルなもの、ソーシャルなもの、これが本質的に重要であることは、両方とも共通の認識としてあります。現代社会の中で、科学者集団としての行為がどういうことをもたらすかを、自覚的にもっと真剣に捉えるべきか、もう少し楽観的にやっぱり実証的な学問は学問で、あとは科学の範疇を越えるんじゃないかというような点が、大きな違いとして割と浮き彫りになりました。対談の後でも、私の考えは変わっておりません。そういう違いはあるけれども、考古学そのものの実際の研究方法では、両者は二〇年を経て次第に融合していって、同じような方法で同じような資料操作、同じような統計や自然科学的な分析も取り入れながら動いているところがあるとは思います。

他の学問分野との関係で非常に問題なのは、考古学の業界用語が多過ぎる点ですね。そしてそれが、社会科学の言説分野、たとえば社会学とか文献史学とでさえも、具体的に歴史叙述や、何がどう変わっていくのが法則といえるだろうかという議論になると、もう考古学独自の用語が社会科学や人文学のさまざまな分野の共通の用語としてなかなか通じない問題があるのではないでしょうか。

たとえば、社会科学系で何げなく「この縄文時代の集落の人々の関係は」となってわかったような気になりますが、そこで話されている親族関係の用語が、文化人類学、民俗学や社会人類学における厳密に規定された親族関係の用語とは違うんですね。ある意味ぼやかされていたり、考古学独自の概念が、一九六〇年代以降の流れで適用されていたりする。けれど、言葉が似ているものですから、議論を始めるとなかなか通じない。あるいは、社会学の皆さんと話していると、社会科学全体の公約数的な概念とか考え方、それに対する用語が細かい社会科学の分野を越えてある程度あります。対して、考古学で日常何げなく使っている言葉はなかなか通じない。つまり説明をしないとどういうことかわからない。いざ説明しようとすると、私自身もどんな具体的意味なのか、よくわからなくなってくるという笑い話のような経験もあります。

学際的研究をやっていきなさいとか、文理融合をしなさいというのが現在の大学関係の中の大きな条件になり、そういう機会が最近多いものですから、私たちは「歴史学の中の考古学であります」と構えていることは、もう許されなくなってきました。そういうときに、やはり用語がとても鋭敏に考え方を反映していて、隣接分野との接点に通じるのではないか、言葉を大事にしようとなるのではないかと思うんですね。

溝口：隣接分野の応用研究レベルに対して考古学が貢献できることは、それこそごちゃまんとあると思います。たとえば、新進化主義におけるバンド社会から部族社会を経て首長制社会にいたる社会進化の過程。首長制社会に関してはある程度、大航海時代、植民地時代における植民者・宗主国官僚などによる記録がまがりなりにも残っていますけれども、部族社会から単純首長制への移行過程の記録や、バンド社会から部族社会への移行過程の記録はほとんど残ってない、残されていないんですね。それを復元するための素材、マテリアルは、実は考古学からしか提供できません。

またたとえば、社会システム論の歴史的な展開、システム分化の様相が、環節的、ミミズの体節が蛇腹のように上下に動くような、小規模コミュニティのフラットかつ緩い結合状態からコミュニティの規模の増大とともに、まず中心と周辺関係に分化、続いて成層的に分化して、現在のような機能分化へと進化的に変容するという有名なニクラス・ルーマンのモデルがありますけども、[56]これについてもシステムの環節分化段階から、中心―周辺分化への移行・システム相の遷移プロセスを具体的に探れる学問は考古学しかありません。そういう意味で、隣接諸学のそのようなモデルを根拠づけ、洗練化し、場合によっては修正すること。これは考古学にできることというよりは、考古学がしなければならないことです。

さて、次に考古学が、社会科学の他の分野が産み出してきたような一般理論的なものを自身として立てることができるかという問題がありますが、僕は、立てられないことはないという立場です。ただ考古学という専門分野が、そのような考古学的一般理論形成を、固有かつ安定したプログラムとして許容するかしないか、ここが実は問題だと思います。いいかえれば、理論物理学や理論社会学と同様なジャンルとして、「理論考古学」を独立し自立した自律的サブ・ディシプリンとして分離独立させる力量と度量が考古学にあるか否か、それが問題です。そういう作業に携わる研究者は、「理論化」に専門特化しなければなりませんから、今日の〈日本考古学〉の枠組みにおいては、おそらく考古学者の範疇からはずれてしまう、はずされてしまいます。そういう研究者も考古学者として、考古学が抱え込めるか抱え込めないか。包摂するのか排除するのか。そしてそのような営みにどのような意味があるのかを、考古学として明確化すると同時に、外部にも認めさせてゆくディシプリン的意志があれば、考古学においても固有の一般理論の提示は可能だと思います。ただ、そのような本格的試みは、ここまでかならずしも実現していません。ですから、誰かがやってみればいいんじゃないでしょうか。その意味は絶対にあります。

菅野：ありがとうございます。では中尾先生、どうぞ。

中尾：考古学の研究成果は、すごくいろんな分野から必要とされていて、いろんな分野の人が知りたがっていることなのではないかと思います。たとえば人間の進化を研究されている方とか。ですので、皆さんがお持ちのデータ・仮説を、大それたものでなくとも、非常にミクロなレベルで提示していくだけでも、関連分野でいろいろな議論が進みそうです。考古学のいろんな良さは、外に出て初めてわかることもあると思いますので、個人間での交流もしていったらいいんじゃないでしょうか。

菅野：そろそろ時間になりましたので、中尾先生のまとめで終了させていただきたいと思います。今回ご紹介できなかった質問については、後ほど先生方に確認していただくということで、割愛したいと思います。今日はどうも、本当にありがとうございました。

註

[1] 人類学の学説史的には、文化進化論は二つに大別される。一九世紀後半の古典的文化進化論と、二〇世紀、一九五〇年代頃からの新進化主義である。この両者を区別することが重要である。古典的進化論の旗手には、モーガン、タイラーなどがいる。新進化主義人類学については新進化主義人類学の項を参照。古典的文化進化論の主要な著作としてはMorgan (1877)、Tylor (1871, 1881) がある。

[2] 新進化主義が、プロセス考古学の理論的枠組みの背景である。学説史的には、新進化主義人類学を第一世代と第二世代に分けることができる。第一世代は、単系進化論を提唱したレズリー・ホワイトと、多系進化論を提唱したジュリアン・スチュワードに代表される。スチュワードは文化生態学の祖としても知られている。第二世代がエルマン・サービスとマーシャル・サーリンズである (Service 1962; Sahlins & Service 1960; Steward 1972; White 1987)。ビンフォードはミシガン大学出身であり、大学院時代にホワイトに出会って、新進化主義人類学に目覚めた。ビンフォードの文化システム理論がホワイトのものと非常に類似するのはこのためであると、学史的な評価ができる。Binford (1972) を読むとこの関係がよくわかる。

[3] 生物における適応 (あるいは適応放散) と、ビンフォードの理論的背景であるホワイトのいう適応には、若干の区別が必要である。ホワイトは、身体外的適応手段 (the extra somatic means of adaptation) として、文化界における適応を意図している。換言すれば、適応のプロセスに、文化的装置が不可欠な部分として存在している。主体が周囲の環境に適しているか、という意味では生物の適応と等値である。しかし、そこに文化的な次元が不可欠な部分として組み込まれ、一体化しているのが、プロセス考古学でいう適応である。

なお、プロセス考古学における文化的適応については、古代文化での穴沢の一連の論文も参照されたい。穴沢 (1985a, 1985b, 1985c, 1985d) の論考では、生物学的適応と、文化的適応を類似しているものとみなし、プロセス考古学を「餓鬼道原理」と評しているが、この批判は適切ではないと思われる。

[4] 一八五六年に、実業家スミスソンの遺贈された財産を

もとに、アメリカの中心的な博物館機構としてワシントンD・Cに設立された。現在は、一九の博物館を擁する、世界最大の博物館群として著名である。考古学は、設立当初から、民族学や言語人類学と、この機構の中で同じ機関として含まれていた。つまり、この時期からすでに、考古学と他の人類学は密接な関係を持っていたといえる。日本での定訳はスミソニアン協会となっているが、協会（association）は、比較的ゆるやかな組織を指すため、スミソニアン機構と訳すのがより適切だと思われる。つまり、ここで言及しているスミソニアン機構は、スミソニアン協会と同一のものであり、どちらもSmithsonian institutionを指している。

[5] Cultural Resource Management. ＣＲＭとも呼ぶ。アメリカにおいて、遺跡の発掘・保全に従事する民間の機関の総称で、日本の行政発掘に相当する。詳しくは阿子島によるリプライ（本書１８２頁）を参照。阿子島（1988）も参照のこと。

[6]〈認識論（epistemology）〉は、ここでは世界に生起する現象の「正しい」（これに関しても多様な議論がある）認識にいたるための「正しい」（前におなじ）手続きに関する議論として、ざっくりと定義しておきたい。

[7]〈存在論（ontology）〉は、ここでは世界に存在・生起する物象・現象が「いかに在るか」、それを「いかに認識するか」に関する議論として、ざっくりと定義しておきたい。

[8] ここでの「批判」には、自らの行動はすべて社会的実践であって、それらはすべて社会的帰結を導くのだから、それら帰結を予測し、それらにいかに対応するか、という準備を、常に自らの生産する言説に組み込んでおく、という含意を含ませている。広義の〈批判理論（Critical theory）〉の定義的含意について想起されたい。

[9] このことについての溝口自身の認識については溝口（2016）を参照。

[10] 溝口（1997a, pp. 56-61, 2016, pp. 92-95）を参照。

[11] 量子力学における基礎的原理で、原子や電子などの世界では、一つの粒子について、位置と運動量、時間とエネルギーのように互いに関係ある物理量を同時に正確に決めることは不可能であることを指す。一九二七年これを提唱したハイゼンベルクは観察行為が引き起こす不確実性にポイントをおいて、観察者効果は不確定性の物理的「解釈」である、との見方を示した。しかし、その後の研究の進展によって、不確定性はすべての量子物体の波のような性質によってあらわれることが明らかにされている。概略は、都筑（2002）などを参照されたい。

[12] 科学哲学的にいえば、ビンフォードのいう「法則」は、論理実証主義（positivist philosophy）における古典的な

法則のことである。たとえば、Hempel（1965）などを参照。

[13] Service（1971, 翻訳 1977, pp. 35-50）を参照。くたばれ原動力については四八頁に記述がある。

[14] 一九六〇年代に、アメリカの工学や社会科学全般に広く受け入れられた、一般的理論の総称。考古学においては、ニュー・アーケオロジーの時代、たとえば、ケント・フラナリーの諸論文に代表される。たとえば Weinberg（1975）に、当時の主張が端的に現れている。ビンフォードも、システムという言葉を多用しているが、それはこの時代背景があると考えられる。システム理論の興隆の背景は、大型計算機技術の発達だと歴史的には評価されている。理論と具体的分析を総合するという方向であった。

[15] 考古学における史的唯物論の代表的な著作に Childe（1936）がある。

[16] 詳細は Hempel（1965）を参照。

[17] 〈一般進化〉・〈特殊進化〉の概念定義としては Sahlins & Service（1960）を参照。

[18] マルクスは『経済学批判』（Marx 1859）序文の中で、社会構成体は上部構造と下部構造より構成されること、下部構造は生産力と生産（諸）関係により構成され、さらに生産力は生産手段と生産組織によって構成されるとした。生産手段とは、人間がそれを用いて自然に働きかけることを通じ、生存のためのさまざまな物財を得るための物的媒体・道具である。それが用いられる様態と対応して人員配置の様態・組織も規定されるが、その複合の産み出す効果・帰結として生産効率・生産量の総和としての生産力が規定される。一定の生産力は、それに対応して分化する人間集団／カテゴリーとそれらの相互関係の総和としての生産関係と当初は親和的であるが、生産力の向上とともに、人間集団／カテゴリーの分化の様態、また、それらの相互関係とのあいだに齟齬をきたし、ある人間集団の存在が困難化し、結果として人間集団間に敵対関係が生じてくる事態にたちいたる。また、古い生産力水準に対応して生成した生産関係と新たに発展した生産力水準に対応して生成した生産関係が併存し、相互の機能に齟齬をきたすような事態もあらわれてくる。これをマルクスは、社会構成体が本源的にはらむ〈矛盾〉と捉え、この拡大が社会構成体の存続を困難にすると説明する。この困難は常に存在し、生産力の発展とともに必然的に増大するが、これに対応してこれが社会構成体全体の崩壊に直結することを押しとどめる機能単位として、マルクスは上部構造の存在を定位し、理解する。上部構造は政治や宗教、イデオロギー等により構成されるが、これらはそれぞれに生産（諸）関係と生産力間に生ずる〈矛盾〉、その具体的発現様態としての人間集団間の緊張・軋轢・闘争を抑制、抑圧、隠蔽する指向性でもって機能するとモデル化する。このような上部構造総体

の機能をもってしても、増大する生産力―生産関係間関係の矛盾に抗しきれなくなった段階で、既存の社会構成体は崩壊し、あらたな構成体へと移行する。人類社会は、原始共産制的→奴隷制的（古代国家的）→封建制的という、このような共通する因果性の展開と構成体から構成体への移行=発展段階をへて、現在の資本制段階に到達した、とされる。

[19] 註[18]文献を参照。また、前文献からの変化発展系としてEngels（1884）も参照のこと。

[20] 文化変化の主要因は経済・生産に関わる要素であるとし、文化の環境への適応としての側面を重視する立場。主導的な研究者にマーヴィン・ハリス（Marvin Harris）がいる。ジョナサン・フリードマン（Jonathan Friedman）は、ハリスらが描くこのような図式をあまりに単純化しすぎたものだとして、「vulgar materialism（野卑な唯物論）」とよんだ。『カレント・アンソロポロジー（*Current Anthropology*）』誌上での文化唯物論をめぐる論争についてはHarris *et al.*（1966）参照。また、vulgar materialismについては、Friedman（1974）に記述がある。要約として阿子島（1989a）も参照。

[21] この分野に関するする代表的な著作としてGodelier（1966, 1984）があり、ここで詳細に論じられている。なお、阿子島（1989a）も参照。

[22] 意図と行動の帰結が一致していなくても良いことの例としてとりあげた。つまり、Merton（1949）のいうところの、顕在的機能と潜在的機能の両方が、科学的に矛盾するわけではない。なお、Godelier（1966）もこの立場をとる。

[23] Godelier（1978）. また Godelier（1984）.

[24] クリストファー・ホークスは、文字記録の補助なく考古学的現象から過去について推測する場合、その困難は：①生産技術、②生業―経済、③社会／政治的諸制度、④宗教的諸制度と精神生活、の順に増大し（Hawkes 1954, pp. 161-163）、ことに②と③の間でほとんど不可能に近くなるとした（*Ibid.* pp. 162-163）。

[25] このあたりのシステム理論のエッセンスの理解は、Weiss（1969）にその多くをよっている。参照されることをおすすめしたい。

[26] 中立説については、木村（1988）を参照されたい。

[27] ミドルレンジ・セオリーについては阿子島（1983, 2004）、また原典としてBinford（1981）も参照のこと。社会学におけるミドルレンジ・セオリーについては、Merton（1949, 1967）が古典とされる。

[28] 概念及び方法論の原則については、阿子島（1989）、芹沢・梶原・阿子島（1981）を参照。また、簡潔な要約として阿子島（1993）がある。

[29] ポストプロセス考古学勃興期のミドルレンジ・リサーチの普遍性・一般性準拠批判の代表例としてHodder（1982）があげられねばならない。

[30] Binford（2001）はビンフォード氏によるミドルレンジ・リサーチの集大成であり、同氏の主著ともいえる。

[31] ニクラス・ルーマンに導かれての一連のケーススタディのうち、ルーマンの社会システム理論におけるコミュニケーション・システム把握に関する溝口の理論参照・準拠の具体については、Mizoguchi（2006, pp. 35–53）、ケーススタディとしては溝口（2014a）などを参照されたい。

[32] この点についての日本考古学的言説空間における具体例についてはMizoguchi（2002, Chapter 2）、溝口（2010, 2014b）などを参照されたい。

[33] Combe Grenalの中期旧石器時代の遺跡研究法についての学史的評価と、それを求めたビンフォードの自己評価については、阿子島（1998, pp. 34–36）を参照。

[34] 民族考古学については阿子島（1993, 1998）、Binford（1983, pp. 95–108）を参照。

[35] 数回の人間活動の形跡がひとつの面に集積してしまった現象で、考古学資料の通常のかたちである。「重ね書きされた羊皮紙」が語源である。詳細は阿子島（1995）を参照。

[36] 「パリンプセスト」でない例としてとりあげた。ポンペイは、イタリア、ナポリ近郊のローマ時代の遺跡である。ヴェスヴィオ火山の噴火により一夜にして滅び火山灰に埋もれることになった。パンスヴァンは旧石器時代（マドレーヌ文化期）のフランスの遺跡である。堆積状況に恵まれ、石器の平面分布の分析や、接合研究のさきがけとなったことで知られる。パンスヴァン遺跡では、季節的な洪水という堆積の要因がある。そのため、他の遺跡と比較して例外的に、（集積ではなく）個別的な人間活動を、生活面を分離することによって、相当程度復元可能である。

[37] 行動考古学（behavioral archaeology）についてはSchiffer（1976）を参照。

[38] いわゆるビンフォード—ボルド論争については、ビンフォード氏自身の研究自叙伝的色彩も濃いBinford（1983）が必読である。

[39] その後の洞窟絵画研究と「因果的説明」の展開についてはMithen（1990）等を参照されたい。

[40] 註[38]文献参照のこと。

[41] これも註[38]文献参照のこと。溝口（1997a, 2016）にもこのあたりの研究史的環境について、溝口的理論的枠組み・認識に依拠して記述している。註[10]文献参照。

[42] 広義の現象学的考古学（Tilley 1994）や、溝口の〈葬送コミュニケーション〉復元研究（e.g. 溝口1997b, 2014a）などを例として参照されたい。

[43] このようなリアリティの典型例として、世界考古学会議（World Archaeological Congress, ＷＡＣ）の創立にかかわる一連の歴史的イベントと考古学者たちの対応は参照されねばならないだろう。たとえばUcko（1987）を読まれたい。

[44] 註［43］に同じく、世界考古学会議の諸活動は、このような脈絡の上に位置付けられる。ちなみに、二〇一八年七月現在、溝口は世界考古学会議会長である。

[45] 発掘した遺骨を地中に戻すことを法的に義務づけようとする潮流を指す。ネイティブ・アメリカン諸部族の運動に端を発する。より詳細には阿子島（1988）を参照。

[46] Mizoguchi（2006）や溝口（1997a, 2016）はこのような認識を展開するために書かれたものである。

[47] Foucault（1969）。

[48] たとえば、紀元前13世紀の地中海世界でおこった大規模人口移動現象を「forced migration」の観点から捉え、現在進行している事態と対比、そこから未来へのなんらかの知識と方針を引き出すことを明確な目的とする研究集会、The Archaeology of Forced Migration: Conflict-induced Movement and Refugees in the Mediterranean at the End of the 13th c. BC が二〇一七年三月一六・一七日、ベルギーで開催された。(https://sites.google.com/minoan-aegis.net/migration　最終アクセス二〇一七年四月一八日）

[49] Mizoguchi（2015）

[50] 註［49］文献参照。

[51] 註［49］文献参照。

[52] Giddens（1990）参照。ことにpp. 151-173で、ライフ・ポリティクスを、崩壊を余儀なくされた地域コミュニティにかわって個々人の存在（論）的安定を支える枠組みとして位置付けている論に注目されたい。

[53] 溝口（2004）を参照されたい。

[54] 本書第7章9節参照（２２４頁）。溝口の関連業績の短い解説付きリーディング・リストとなっている。

[55] クラーク氏の軌跡についてはClarke（1968, 1972, 特にpp. 801-869, 1979）からそのエッセンスを読み取ることができよう。

[56] ルーマンのシステム分化による進化についてはLuhmann（1997［2009］, pp. 887-1162）を参照されたい。

参考文献（阿子島香）

阿子島香　1983.「ミドルレンジセオリー」芹沢長介先生還暦記念論文集刊行会（編）『芹沢長介先生還暦記念　考古学論叢I』pp. 171-197, 東京：寧楽社

阿子島香　1988.「プロセス考古学と社会的背景」『考古学ジャーナル』296: 2-6

阿子島香. 1989a.「1988年の動向：北アメリカ」『考古学ジャーナル』305: 158-170

阿子島香. 1989b.『石器の使用痕』東京：ニュー・サイエンス社

阿子島香. 1993a.「石器の使用痕から何がわかるか」鈴木公雄・石川日出志（編）『新視点日本の歴史—原始編』pp. 36-41, 東京：新人物往来社

阿子島香. 1993b.「旧石器文化の復元に民族誌はどう活用できるか」鈴木公雄・石川日出志（編）『新視点　日本の歴史1 原始編』pp. 42-47, 東京：新人物往来社

阿子島香. 1995.「ドゥフォール岩陰の彼方に—石器群の空間分布と人間活動—」『歴史』84: 1-29

阿子島香. 1998.「ルイス・ビンフォードの軌跡」民族考古学研究会（編）『民族考古学序説』pp. 22-44, 東京：同成社

阿子島香. 2004.「中範囲理論」安斎正人（編）『現代考古学辞典』pp.312-316, 東京：同成社

穴沢咊光. 1985a-d.「『考古学』としての『人類学』（1）～（4）—プロセス考古学（ニュー・アーケオロジー）とその限界—」『古代文化』37(4): 143-152, 37(5): 189-206, 37(6): 237-249, 37(7): 285-297

Binford, L. R. 1972. Introduction. In L. R. Binford *An Archaeological Perspective* (pp.1-14) New York: Seminar Press Inc.

Binford, L. R. 1981. Middle-range research and the role of actualistic studies. In L. R. Binford *Bones: Ancient men and modern myths* (pp.21-30). New York: Academic Press.

Binford, L. R. 1983. *In pursuit of the past.* London: Thames and Hudson.

Childe, V. G. 1936. *Man makes himself.* London: Watts. 禰津正志訳『文明の起源　上・下』東京：岩波書店、1951

Friedman, J. 1974. Marxism, structuralism and vulgar materialism. *Man*, 9(3): 444-469.

Godelier, M. 1966. *Rationalité et irrationalité en économie.* Paris: Maspero. 今村仁司訳『経済における合理性と非合理性—経済人類学への道』東京：国文社、1984

Godelier, M. 1978 Infrastructures, society, and history. *Current Anthropology*, 19(4): 763-771.

Godelier, M. 1984. *L'idéel et le matériel: pensée, économies, sociétés.* Paris: Fayard. 山内昶訳『観念と物質—思考・経済・社会』東京：法政大学出版局、1986

Harris, M., Bose, N. K., Klass, M., Mencher, J. P., Oberg, K., Opler, M. K., Suttles, W. & Vayda, A. P. 1966. The cultural ecology of India's sacred cattle [and Comments and Replies]. *Current Anthropology*, 7(1), 51-66.

Hempel, C. 1965. *Aspects of scientific explanation*. New York: Free Press.

Merton, R. K. 1949. *Social theory and social structure: Toward the codification of theory and research*. New York: Free Press. 森東吾・金沢実・森好夫訳『社会理論と機能分析』東京：青木書店，1961

Merton, R. K. 1967 On sociological Theories of the Middle Range. 森好夫訳『中範囲の社会学理論　現代社会学大系』13, 4-54, 1969

Morgan, L. H. 1877. *Ancient society*. London: MacMillan & Company. 青山道夫訳『古代社会（上・下）』東京：岩波文庫，1958・1961

Sahlins, M. D. & E. R. Service（eds.）1960. *Evolution and culture*. Ann Arbor, MI: The University of Michigan Press. 山田隆治訳『進化と文化』東京：新泉社，1976

Schiffer, M. B. 1976. *Behavioral archaeology*. New York: Academic Press.

芹沢長介・梶原洋・阿子島香．1981.「実験使用痕研究とその可能性」『考古学と自然科学』14: 67-87

Service, E. R. 1962. *Primitive social organization: an evolutionary perspective*. New York: Random House. 松園万亀雄訳『未開の社会組織――進化論的考察』東京：弘文堂，1979

Service, E. R. 1971. *Cultural evolutionism: Theory in practice*. New York: Holt, Rinehart & Winston of Canada Ltd. 松園万亀雄訳『文化進化論：理論と応用』東京：社会思想社，1977

Steward, J. H. 1972. *Theory of culture change: The methodology of multilinear evolution*. Champaign, IL: University of Illinois Press. 米山俊直・石田紝子訳『文化変化の理論：多系進化の方法論』東京：弘文堂，1979

Tylor, E. B. 1871. *Primitive culture*. London: John Murray. 比屋根安定訳『原始文化：神話・哲学・宗教・言語・芸能・風習に関する研究』東京：誠信書房，1962

Tylor, E. B. 1881. *Anthropology: An introduction to the study of man and civilization*. London: Macmillan and Co. 大社淑子・塩田勉・星野恒彦訳『文化人類学入門』東京：太陽社，1973

Weinberg, G. M. 1975. *An introduction to general systems thinking*. New York: Wiley. 松田武彦監訳『一般システム思考入門』東京：紀伊國屋書店，1979

White, L. A. 1987. *Ethnological essays*. Albuquerque, NM: University of New Mexico Press.

参考文献（溝口孝司）

Binford, L. R. 1983. *In pursuit of the past: Decoding the*

archaeological record. California, CA: University of California Press.
Binford, L. R. 2001. *Constructing frames of reference: An analytical method for archaeological theory building using ethnographic and environmental data sets*. California, CA: University of California Press.
Clarke, D. L. 1968. *Analytical archaeology*. London: Methuen.
Clarke, D. L. (ed.) 1972. *Models in archaeology*. London: Routledge Kegan & Paul.
Clarke, D. L. 1979. *Analytical archaeologist: collected papers of David L. Clarke*. London: Academic Press.
Engels, F. 1884. *Der Ursprung der Familie, des Privateigenthums und des Staats*. Hottingen-Zürich. 土屋保男訳『家族・私有財産・国家の起源』東京：新日本出版社，1999
Foucault, M. 1969. *L'Archéologie du savoir*. Paris, Gallimard. 慎改康之訳『知の考古学』東京：河出文庫，2012
Giddens, A, 1990. *Consequences of modernity*. Cambridge: Polity.
Hawkes, C. 1954. Archaeological theory and method: some suggestions from the Old World. *American Anthropologist*, 56: 155–168.
Hodder, I. 1982. *Symbols in action: Ethnoarchaeological studies of material culture*. Cambridge: Cambridge University Press.
木村資生 1988.『生物進化を考える』東京：岩波書店
Luhmann, N. 1997. *Die Gesellschaft der Gesellschaft*. Frankfurt: Suhrkamp. 馬場靖雄他訳『社会の社会 1・2』東京：法政大学出版局，2009
Marx, K. 1859. *Zur Kritik der politischen Ökonomie*. Berlin: Franz Duncker. 杉本俊朗訳『経済学批判』東京：大月書店国民文庫，1966
Mithen, S. 1990. *Thoughtful foragers: A study of prehistoric decision making*. Cambridge: Cambridge University Press.
溝口孝司 1997a.「考古学的研究の基本構造に関する一試論：欧米考古学を主要な素材としての分析と提言」『考古学研究』44(1): 51–71
溝口孝司 1997b.「二列埋葬墓地の終焉：弥生時代中期（弥生Ⅲ期）北部九州における墓地空間構成原理の変容の社会考古学的研究」『古文化談叢』38: 1–40
Mizoguchi, K. 2002. *An archaeological history of Japan, 30,000 B.C. to A.D. 700*. Philadelphia: University of Pennsylvania Press.
溝口孝司 2004.「ポストプロセス考古学」安斎正人（編）『現代考古学事典』pp. 401–404, 東京：同成社
Mizoguchi, K. 2006. *Archaeology, society and identity in*

modern Japan. Cambridge: Cambridge University Press.

溝口孝司 2010.「縄文時代の位置価」小杉康・谷口康浩・矢野健一・水之江和同編『縄文時代の考古学　第12巻：研究の行方』pp. 97–101, 東京：同成社

溝口孝司 2014a.「世界が変わるとき：弥生時代中期の北部九州を素材として」『考古学研究』61(3): 50–70

溝口孝司 2014b.「古墳時代研究とアイデンティティ」一瀬和夫・福永伸哉・北條芳隆編『古墳時代の考古学　第10巻：古墳と現代社会』pp. 9–25, 東京：同成社

Mizoguchi, K. 2015. A future of archaeology. *Antiquity*, 89 (343): 12–22.

溝口孝司 2016.「考古学理論の転変と史的背景に関する一試論：欧米考古学を主要な素材としての分析と提言」『考古学研究』63(3): 85–104

Sahlins, M. and Service, E. (eds.) 1960. *Evolution and culture*. Ann Arbor, IL: University of Michigan Press. 山田隆治訳『進化と文化』東京：新泉社、1974

Tilley, C. 1994. *A phenomenology of landscape: Places, paths and monuments*. Oxford: Berg.

都筑卓司 2002.『不確定性原理：運命への挑戦』東京：講談社

Ucko, P. 1987. *Academic freedom and Apartheid: The story of the World Archaeological Congress*. London: Duckworth.

Weiss, P. 1969. The living system: Determinism stratified. In A. Koestler and J. R. Smythies (eds.) *Beyond reductionism: New perspectives in the life sciences* (pp. 3–55). London: Hutchinson. 池田善昭監訳「生きているシステム：階層化された決定論」『還元主義を超えて：アルプバッハ・シンポジウム'68』pp. 19–96, 東京：工作舎、1984

第3章　プロセス学派とポストプロセス学派の相克をめぐる人類学的布置

大西秀之

1　なぜ今なのか?

梅雨入り間際のやや蒸し暑さを感じる六月初頭、教育学術関連の諸機関が立ち並ぶ東京神保町の学術総合センターの一室は、期待と予想を口々に語る参加者で静かな熱気に包まれていた。その報に接したのは、開催直前の二日前だった。プロセス考古学とポストプロセス考古学をテーマに、阿子島香と溝口孝司が直接対話する、というイベントの趣旨を目にし、にわかには表現できない驚き、疑念、感慨などが複雑に入り混じった思いを抱き、私は会場に赴いた。

この企画の趣旨も人選も、考えうる限り最適かつ最高のものである。二〇世紀後半の考古学を席巻し、そして二一世紀今日の考古学を形作ったといっても過言ではない、プロセス学派とポストプロセス学派の二大潮流を改めて問い直す意義は疑いもなく深くて大きい。またその極めて重大で困難な役割を担う論者として、阿子島と溝口の二人がどれほど適任であるかは、彼らの経歴をはじめ、積み上げてきた業績、担ってきた役割などを鑑みれば、決して大げさな表現ではなく国際的にも十二分に承認がえられるだろう。

とはいえ、対話が始まるまでの間、「なぜ今なのか」という思いに、私は囚われていた。これまでにも、その機会は幾度でも作りえたはずだった。とともに、それは日本で考古学の研究や実務にかかわる関係者の多くが、長年待ち望んでいた試みでもあった。にもかかわらず、日本考古学のパラダイム転換が盛んに叫ばれていた一九九〇年から二〇〇〇年代初頭まで、少なくとも学会誌や学会講演などの公の場で阿子島と溝口の二人は直接交わることなく、むしろそうした熱狂から少し距離を置き静観していた感さえあった。だからこそ、私は、よりにもよってプロセス考古学とポストプロセス考古学を「ムカシのミライ」と断じる表題のもと、突如として二人の対話が企画され実現したことに率直な驚きと疑問を抱いたのである。

むろん、こうした想いは、個人的な感慨にすぎず、一般に共有されるわけでも、共感が得られるものでもないかもしれない。それでも、「なぜ今なのか」との問いは、少なからず価値が認められるのではないだろうか。というのも、二一世紀の現在、考古学は、理論や方法論を純粋無垢に追究する内向きのアカデミズムを——好むと好まざるとにかかわらず——離れ、学的営為としての存在意義や果たすべき貢献を現代社会の中で鋭く問われ存亡の渦中にある、といっても過言ではない時代状況だからである。

このような時代に、かつて考古学のパラダイム論争の中核であった、プロセス学派とポストプロセス学派の対話が行われた意義を、私個人の視座や能力の限界を顧みず愚考したい、というのが小論の主旨である。こうした意図のもと、小論では、それぞれの学派が考古学をどのように実践しようと構想していたのか、またその間には——理論・方法論のみならず理念・イデオロギーまでを含め——いかなる研究志向の差異があったのか、という一連の問題系を検討する。とりわけ、この検討では、過去の人類の営みとしての歴史叙述を、それぞれの学派がどう記述しようとしていたのか、という問いに焦点を当てる。

なお小論では、民族誌調査に基づく文化／社会人類学の観点から、プロセス学派とポストプロセス学派の研究志向の違いを照射する。文化／社会人類学から捉える意義は、取りも直さず双方の学派が自らの理論構築の中で、積極的に参照ないし依拠した研究分野であるからにほかならない。このため、小論では、文化／社会人類学を一つの視座として、プロセス学派とポストプロセス学派のそれぞれが志向した、考古学という学的営為の研究実践のあり方を明らかにする。結果的に、この目論見がどこまで成功するか否かは別として、こうした検討によって小論が提示できるささやかな貢献を探りたい。

2　交差点としての文化／社会人類学

「ムカシのミライ」と題された、プロセス学派・ポストプロセス学派をそれぞれ担う阿子島香と溝口孝司の対話を読み解くため、まず二人の議論の交差点を文化／社会人類学との関係性から整理する。改めて明記するまでもなく、ここでの整理は、あくまでも極めて個人的な視座に立脚するものである。[1] したがって、以下に提示する論点は、二人の論者が明確に意識していたという保証はなく、またプロセス学派とポストプロセス学派の理解として共有されている論点でもない。とはいえ、たとえ個人的な観点であったとしても、小論では、それぞれの学派が参照ないし依拠した文化／社会人類学の理論的背景から論じることにより、今回の対話の意義を少しでも広範な学的コンテクストに位置付け理解を試みる。

プロセス学派の位置付け

文化／社会人類学との関係から捉えるならば、阿子島香が明確にプロセス学派――およびその母体となったニュー・アーケオロジー運動――がアメリカ合衆国を中心とする北米大陸の新進化主義人類学を、理論的主柱として形成されたスクールであったことを明示していたことが第一にあげられる。この主張は、かねてより阿子島が繰り返し提示してきたものであり（阿子島 1983, 1998）、またニュー・アーケオロジー運動の提唱者でありプロセス学派の旗頭でもあったL・R・ビンフォードによる「人類学としての考古学」（Binford 1962）という著名な革命宣言などから、考古学ではコモンセンスとなっている感がある。

しかし、こうした考古学における共通理解は、二つの点で注意が必要となる。まず一つは、北米大陸ではL・ホワイトとJ・スチュワードによって提唱、推進された――と一般に理解されている――新進化主義（cf. Steward 1977; White 1959）は「人類学」のメインストリームとは認識されていない、という事実である。この認識は、文化人類学[2]のみならず自然人類学においても基本的に共有されている。北米大陸における文化人類学は、F・ボアズによって提唱された個別文化の独自性を理解し記述すべきとする文化相対主義の影響が非常に強く、むしろ新進化主義は非常にマイナーな限定されたアプローチと認識されている。

もっとも、新進化主義は、自然生態環境に対する適応や人類文化の普遍性・法則性の追究など、文化相対主義を中核とするメインストリームの民族誌調査に基づく人類学的研究が捨象しがちであった、ある意味極めて重要なテーマを愚直にも対象としてきたことから、その役割や貢献は決して小さくはない。とはいえ、「人類学としての考古学」との革命宣言が、北米大陸の文化人類学のメインストリームに位置付けようとしたものではなく、極めてマイナーな新進化主義の理論・方法論を積極的に選択した結果であることは、その学派の形成を考えるうえで非常に興味深く示唆的である。

もう一つの注意点は、上記のような背景ゆえに、プロセス学派が新進化主義の最も正統かつ忠実な後継者となっていることである。新進化主義は、ホワイトとスチュワードに直接指導を受けたE・サービスとM・サーリンズなどの第二世代の活躍、業績が国際的に著名であるが（e.g., Sahlins & Service 1960; Service 1971; Sahlins 1974）、その後の継承と展開は一般にあまり知られていない。教科書的には、新進化主義は生態人類学に発展・解消されたことになっているが、[3]実態としてはエコシステム・アプローチを導入し特定文化の人間行動と自然生態環境のインタラクションを読み解こうとする展開（e.g., Moran 1984, 1990; Rappaport 1979）と、民族誌調査の対象とした現地社会が直面する環境問題の理解と解決に取り組む応用研究（e.g., Dove & Carpenter 2007; Haenn & Wilk 2005; Townsend 2000）に二極化している。こうした展開の中では、自然生態環境に対する適応という視座は維持されているものの、特にホワイトが追究した人類文化の普遍性・法則性に関してはほとんど等閑視されている状況にある。[4]

これに対して、新進化主義を理論的・方法論的主柱にしたプロセス学派は、現在の知見から過去を読み解くため「斉一説」に立脚したうえで、演繹的仮説検証法として実験考古学や民族考古学などを推進した結果（阿子島 1998, pp. 24–25, 30; Binford 1968, p. 16）、人類文化の普遍性・法則性を――意図的か否かは別として――実直に追究するスクールとなった。プロセス学派による新進化主義――特に普遍性・法則性の追究――の継承は、現在まで考古学でも文化／社会人類学でも明確には認識されていない。だがこの事実は、プロセス学派と北米大陸の文化人類学との関係のみならず、同学派の理論・方法論の志向を理解するためにも看過しえない側面となるだろう。

ポストプロセス学派の位置付け

一方、ポストプロセス学派と文化／社会人類学の関係については、今回の対話の中で溝口孝司から直接語られることはなかったものの、両者の関係性を窺うことは不可能ではない。まず溝口は、ポストプロセス学派を組織化された実体的なスクールではないとの認識を明示したうえで、同学派はプロセス学派およびその科学的・社会的背景・基盤である「近代主義」に対する批判理論によってのみ規定される、決して単一の系譜にまとまらない多様な考古学実践と喝破した。

こうしたポストプロセス学派のあり方は、溝口が指摘しているように「ポストモダニズム」や「ポストコロニアル批評」などと形容される、近代主義批判の思想史的潮流に連動し包摂されるものと理解できる（溝口 2016, pp. 96–98）。であれば、さまざまな考古学実践の集合体とされるポストプロセス学派は、その結節点として近代主義批判と同時に文化／社会人類学との関連性においても規定可能となる。というのも、ポストモダニズムやポストコロニアル批評とされる思想史的潮流は、決して大げさな表現ではなく、文化／社会人類学が中核的に推進し貢献を果たしたものだからである。

哲学・思想としてのポストモダニズムは、「近代」が立脚する普遍主義や人間中心主義などを批判する、構造主義を基盤ないし批判するポスト構造主義とされる一連の運動・潮流と一般的に認識されている。そして、この運動・潮流の母体となった構造主義が理論的基盤としているのが、F・ソシュールの言語学（丸山 1981）とC・レヴィ＝ストロースの構造人類学（Lévi-Strauss 1958, 1962）である。とりわけ、人文社会学の諸分野では、レヴィ＝ストロースの研究が頻繁に引用・参照され、むしろソシュールの言語理論はその中で新たに発見され咀嚼された、といっても過言ではない[5]。

他方で、ポストコロニアル批評についても、文化／社会人類学の関与はポストモダニズム以上に強いといえる。ポストコロニアル批評は、帝国主義・植民地主義を推進した西欧が、旧植民地であった非西欧をどのように表象してきたのか、という問いを追究する本来は文芸批評の理論あるいは現実認識である。この問題提起に対し、旧植民地を中心に非西欧社会で現地調査に取り組んできた文化／社会人類学は、自ら生産してきた民族誌こそがまぎれもなくポストコロニアル批評の対象であることを再認識し、強烈な自己批判を含めた数多くの研究成果を提起することにより、その推進に少なからぬ貢献を果たした（e.g. Clifford 1988; Clifford & Marcus 1986）。

もっとも、文化／社会人類学は、ポストモダニズムやポストコロニアル批評の展開に密接に関連してはいるものの、ポストプロセス学派の形成そのものに直接的・決定的に関与した、との判断は早計である[6]。むしろ、ポストプロセス学派は、文化／社会人類学なども巻き込んだポストモダニズムやポストコロニアル批評とされる思想史的潮流を、同時代的に経験した考古学によって形成された一群の展開と理解すべきであろう（溝口 2016, pp. 96–98）。そういった意味でも、ポストプロセス学派は、溝口孝司が正しく指摘するように、単なる先行研究の理論・方法論に対する批判ではなく、普遍性や法則性を志向するプロセス学派に潜む科学主義＝近代主義への懐疑とアンチテーゼを、根源的な動機として共有する多様な考古学実践の集合体にほかならない（溝口 1999, p. 166）。

以上のように、プロセス学派とポストプロセス学派の関係性の把握を、文化／社会人類学を交差点として試みた。その結果、プロセス学派が普遍性と法則性を追究するため、文化／社会人類学の中では非主流派とされる新進化主義を積極的に継承しているのに対し、近代主義＝科学主義を批判するポストプロセス学派は、同様な思想史的潮流を共有する文化／社会人類学と緩やかに連携していることを確認した。こうした関係性の違いは、極めて対比的であるものの、一つの論点で交差している。その論点とは、いかに人間の文化的・社会的な営みを記述するか、換言するならばどこまで客観的に記述できるか、という人文社会学のみならず広く自然科学までも含む深遠で重大な問いである。

3 人間行動の記述

人間の文化的・社会的営みを客観的に記述できるか否か、という重大でありつつも単純な問いは、前述したように文理を問わず人間を対象とする研究にとって不可避の課題である。取りも直さず、その理由は、人間の行動が生得的にプログラミングされた遺伝的・生理的要因に還元しきれないものだからである。

実際、どれほど遺伝的・生理的要因のみに限定しようとしても、人間の行動は、後天的に学習された文化的要因を決して排除することはできない。たとえば、人間は、集団を作って社会生活を営む生物であるが、この集団で暮らし行動するために不可欠なコミュニケーション・ツールとなる言語こそが、最も典型的な文化の所産である。[7] 加えて、M・モースが「身体技法論」で明らかにしたように、われわれが通常無意識的に行っている「座る、立つ、歩く」などの基本な所作や振る舞いでさえ、文化的に形成された身振りである（Mauss 1950）。さらには、文化の習得は、生理レベルにまで影響を及ぼすものである。その顕著な例として、ある種の音色を聞いて、それを美しいと感知し、しかも特定の脳波まで検出されるケースがあげられる。なによりも、最初の言語の事例に戻るならば、母音や子音などの音素の聞き分けなどは、生得的・遺伝的能力などではなく、まさに文化的習得の賜にほかならない[8]。

以上のような人間行動は、無前提に客観的記述が行いうる対象とはいえなくなる。というのは、文化とは根源的に極めて恣意的で無根拠なものだからである。こうした言明に対しては、文化といえども物理的・生態学的要因などの制約からは決して自由ではないのではないか、との疑義が提示されるかもしれない。だが、それは所与の前提条件を指摘しているにすぎず、決して文化の恣意性と無根拠性を否定するものではない。

たとえば一例として、人類は、たとえ同じ環境にあったとしても、同じ資源を開発し同じ量のカロリーを獲得できるとは限らない、という食糧生産に関する周知の事実をあげることができる。「豊かな海」や「恵みの森」は、所与として存在する自然生態環境だけによるものではなく、人類の知識や技術あるいは社会組織が相まってはじめて成り立つ表現といえる。他方、先天的ないしは後天的なトラブルがなければ、人類は、音声言語を習得しそれによってコミュニケーションを行う能力を生得的に備えている。とはいえ、どれほど精緻に人間の身体――たとえば遺伝子や大脳など――を調べたとしても、その個体＝人物が習得している言語を明らかにすることはできない。

このように人間行動は、その対象である外的環境に関しても、その基盤となる身体に関しても、後天的に習得された恣意的で無根拠な文化に立脚しているため、いわゆる自然科学に還元しきれず客観的記述が極めて困難となる。この客観的記述の是非に関する議論が、文化／社会人類学では異文化の理解の正当性——あるいは科学的客観性——をめぐる批判論争となり、ひいてはポストモダニズムと総称される人文社会学全般に通底する近代科学批判の根源の一つとなった。

4　実証と解釈の振り子

プロセス学派とポストプロセス学派の論争も、近代科学批判の潮流の中で理解できることはすでに指摘したとおりである。ただし、考古学を含む過去の人間行動を対象とする研究分野に関しては、一つ留意すべき点が指摘できる。その留意点とは、ある記述・分析対象とする人間行動が、実際に過去に行われたものか証明しなければならない、という手続きが不可避となることである[9]。これを認識したとき、考古学には、客観的に必ず実証しなければならない研究上の手続きが、不可分に介在していることが理解できる。

というのは、どれほど恣意的で無根拠な文化に基礎づけられた行動であったとしても、それが物理的な世界で展開され物象化された痕跡である考古資料となったものならば、原理原則として考古学は、その資料を形成した当該行動を復元し——解釈などではなく——実証しなければならないからである。簡潔に述べるならば、考古資料を読み解き導いた人間行動は、実際に行われた出来事なのか否か、究極的には証明しなければならない対象となる。こうした考古学における証明は、民族誌調査に基づく文化／社会人類学の研究実践と対比したとき、その特徴が明瞭になる。

民族誌調査では、基本的に現地での人間の行動や発話が主な対象となるが、その行動や発話が本当に行われたものか否かは通常問われることはない。むろん、民族誌調査で収集された——と民族誌家＝

報告者が主張する――行動や発話は、議論の根幹をなす基礎データとなるため、文化／社会人類学が物語や文学などではなく現地調査に基づく研究実践である限り、原理原則として真偽が問われるべきものである。とはいえ、実際には、基礎データとされる行動や発話の真偽の検証が、文化／社会人類学の研究実践の中で常態的な手続きとして組み込まれているとはいえない[10]。

こうした実情に対して、再現性ないし追検証を確保しない科学的に不十分な研究実践ではないか、と文化／社会人類学を批判することは一見正当性が高いように感じられるかもしれない。だが、ある時ある場所で、ある調査者によって観察ないし聞き取りされた、ある被調査者の行動や発話が本当に行われたものであるか否か、それを完全に検証しえるデータとして提示することは現実的には不可能に近く困難である[11]。このため、文化／社会人類学では、まずは議論の基となる行動や発話を――民族誌フィールドで実際に収集された――基礎データと承認したうえで、その分析や解釈が妥当であるかが主要な課題とされる。もっとも、既存の調査研究との比較検討から、当該民族誌家＝調査研究者が提示する行動や発話が、実態とは乖離した誤謬を孕んでいる可能性が指摘されることも少なくはない。とはいえ、それらの議論では、あくまでも調査研究者の理解や解釈などが問われているのであって、行動や発話そのものが本当に行われたのかが問われているわけではない。

これに対し、考古学では、考古資料から復元された過去の人間行動――あるいはその結果としての社会文化的営為――の真偽が、基本前提として問われることとなる。というよりも、こうした検証こそが、考古学という研究実践そのものである、といっても決して過言ではないだろう。このような背景を考慮した時、プロセス学派の主導者の一人であるM・B・シーファーが、遺跡形成過程における自然的要因

(natural-transforms) と人為的要因 (cultural-transforms) を厳密かつ徹底的に区分しようとした (Schiffer 1983)、その方法論的意義がより明瞭に理解できるものとなる。あるいは、プロセス学派が積極的に取り組んだ石器を対象とした使用痕分析 (e.g., Keeley 1980) なども、同じ文脈の中で推進されたものとみなすことができる。

いずれにせよ、これらのアプローチは、考古資料から読み取った人間行動の真偽を、可能な限り実証しようとした試みにほかならない。換言するならば、こうした志向は、阿子島が指摘しているように、プロセス学派が論理実証主義に基づく仮説検証法――K・ポパー派の科学哲学的には反証可能性の確保――を忠実に実践した結果といえよう (阿子島 1983, pp. 172-175)。

もっとも、プロセス学派は、人間行動に対する解釈を棄却しているわけではない。プロセス学派とても考古学である限り、その目的は、単に考古資料から人間行動を復元し実証することのみに限定されるわけではなく、過去の社会や文化の営みを読み解き歴史を描き出すことにある。したがって、どれほど過去の人間行動を実証したとしても、結局のところプロセス学派もまた、それが行われた恣意的で無根拠な社会文化的コンテクストの解釈に踏み込まざるをえないのである。

これに対し、ポストプロセス学派は、考古資料を形成した人間行動の背景に控える、社会文化的コンテクストを読み解くことを積極的に志向している。いうまでもなく、この志向は、仮説検証法などを掲げ過度な実証に拘泥する、プロセス学派へのアンチテーゼにほかならない。その必然として、ポストプロセス学派は、文化/社会人類学を含む人文社会学から自然科学までが苦闘する、恣意的で無根拠な人間行動の解釈にダイレクトに取り組んだのである。ポストプロセス学派の中でも、権力やイデオロギーあるいはジェンダーなど直接観察できない要因を考古資料から読み解こうとする、C・ティリーやM・シャンクスなどの多分にラディカルで確信犯的な解釈は、プロセス学派の理論・方法論に根差す近代主義に対する批判の最も顕著で先鋭的な事例といえよう（cf. Shanks & Tilley 1987a, 1987b）。

とはいえ、どれほど解釈に傾倒したとしても、考古資料を形成した人間行動の真偽を検証する必要性を、ポストプロセス学派といえども完全には否定することはできないだろう。実際、人工物ではない偽遺物や偽遺跡を対象として、過去の文化や社会を描いたとしたならば、プロセス学派にとっても――現代的な意義は別として――研究上の誤謬との結論が下されるはずである。[12] 溝口の表現を借りるならば、ポストプロセス学派は、プロセス学派が観察可能なシステムだけに研究を限定することを批判しているのであって、その検討そのものを否定しているわけでは決してない。したがって、考古資料を形成した物理的な人間行動の実証は、ポストプロセス学派にとっても完全には棄却できない研究手続きである。

以上の議論を是認するならば、プロセス学派もポストプロセス学派も、それぞれが考古学の研究実践である限り、実証だけにも解釈だけにも議論を閉じることはできない、という結論が導かれるだろう。このことは、阿子島も溝口も討論の中で、プロセス学派は解釈に踏み込まざるをえず、ポストプロセス学派は実証を棄却できないことを、表現は違えども随所に認め合っていた、と少なくとも私は受け取った。もっとも、こうした実証と解釈の振り子は、プロセス学派やポストプロセス学派という枠組みを超え、考古学全般が共有する基本課題にほかならない。とすれば、両学派の実証と解釈に対する力点の違いは、決して相容れない排他的で本質的な対立などではなく、少なくとも研究実践においては共約可能な差異であった、との評価を下すことができる。

5 考古学の研究実践

プロセス学派とポストプロセス学派の相克は、実証と解釈という考古学の研究実践における二つの極に対する志向の相違であった。このため、二つの学派は、必ずしも共約不可能なものではなく、厳密な意味でのパラダイムの転換ではなかった、との評価を導いた。

一方、前述したように実証は、人文社会学のみならず自然科学までも含む、人間行動を対象とした研究の中でも、極めて特徴的な研究上の手続きであった。あえて極論をするならば、もし仮に実証のみに議論を集中することができれば、考古学はハードサイエンスを志向することも可能となる。というのも、考古資料を物証として過去の人間行動を復元する限り、それがどれほど恣意的で無根拠な文化に基礎づけられたものであったとしても、その真偽の追検証が可能だからである。[13]

古典的理解との誹りを受ける姿勢ではあるが、ハードサイエンスとされる——あるいはハードサイエンスを志向する——研究実践は、物質や物質現象を対象として再現性＝追検証性が可能な分析・検討が現在でも大前提とされている。[14]そういった意味で、考古学の実証は、一過性で不可逆的であり、しかも恣意的で無根拠な文化に基礎づけられた人間行動を対象としながらも、ハードサイエンスを志向できる要因となる。とすれば、遺跡形成論や使用痕分析などの実証研究に、プロセス学派が情熱を注いだことは必然の方向性であったといえよう。

これに対して、ポストプロセス学派は、そもそも科学のみで世界を説明し語り尽くそうとする近代主義を批判する立場に立つことから、科学的説明以外の多様な解釈の可能性を希求する。したがって、物証による再現性＝追検証性の可能性の確保に関しても、プロセス学派ほど執心はしない。むしろ、そうした手続きを採ったとき、他に取りえたかもしれない多様な解釈の可能性が閉ざされてしまうことを、ポストプロセス学派は批判し警鐘を鳴らすだろう。

こうした実証と解釈の緊張関係の中で、考古学は推進され遺物や遺跡などの考古資料から過去が記述されているのである。それゆえに、考古学は、少なくとも総体として、空虚で無意味な実証にも、なんでもありの解釈にも、それぞれ陥ることなく調査研究が行われてきたし、今後もそうであり続けるだろう。加えて、考古学が実証と解釈に分かれ、真の意味で完全にパラダイムを異にする、共約不可能な別々の研究分野に分離してしまうこともないだろう。というのも、過去であれ現在であれ、人間行動の記述をめぐる実証と解釈の境界線は、曖昧で必ずしも明確には区分できないからである。

上記を理解するために、たとえば「AがBを殴った」という記述を想起してみよう。この記述は、至極単純で自明な人間行動の言明に思われるかもしれない。だが、「殴る」とは、必ずしも単純な行動でも、誰にとっても自明な行動でもない。というのも、「殴った」といっても、その手は拳だったのか平手だったのか、腕の軌道は直突きだったのか振り下ろしたのか、などなど実際の行動はさまざまだからである。さらに困ったことに、被害者であるBは「殴られた」と主張するが、加害者であるAは「〝殴って〟いない、たまたまBに〝手が当たった〟だけだ」と否定し、主張・評価が異なることも実社会では珍しくない。

このような状況を解決するため、たとえば「殴られた」とされる人物のケガの医学的症状や、あるいは殴ったとされる人物の腕が相手に当たった際のスピードや衝撃などを、どれほど「科学的」に検証し定義づけたとしても、おそらくは誰にとっても自明な合意や解決は得られないだろう。なぜなら、極めて緩やかなスピードで頭頂部を平手でかすめた程度の行動であったとしても、「殴られた」人物にとっては、それは紛れもなく自身の尊厳を傷つける身体のケガ以上の「痛み」を感じる「暴力」と認識することが稀ではないからである。むしろ、それは実社会の訴訟などで争われている、見解＝解釈の相違の実例にほかならない。「殴る」という行動は、単に物理的な身体の挙動などで確定できるものではなく、あくまでも当事者たちにとっても第三者にとっても意味づけられ成立する「社会的事実」といえる。

もっとも、だからといって、どんな行動であったとしても、「殴る」と意味づけられる可能性が担保されているわけではない。「AがBを殴った」という記述には、最低限「加害者」とされるAと「被害者」とされるBの二人の人物が存在し、Aの手なり腕がBの身体に接触した、という物理的に確認できる現象が必要不可欠となるだろう。現実世界においても、まずこのことが確認できなければ、「殴った」のか否かの判断の対象とはなりえないだろう。

やや冗長にはなったが、この寓話は、考古学の研究実践にそのまま置き換えられるものにほかならない。すなわち、どれほど物理的に確認できる行動を実証したとしても、それで社会や文化における人間の営みが確定できるわけではないし、どんなに解釈の可能性があると主張したとしても、そこには最低限確定すべき事実＝物理的現象が前提として存在している、という小論で指摘してきた考古学における実証と解釈への対置である[15]。

以上を是認するならば、過去の人間行動を――その物象化された痕跡である考古資料から――記述しようとする考古学は、決して実証のみにも解釈のみにも帰結することはできなくなるだろう。換言するならば、プロセス学派とポストプロセス学派は、ある意味でそれぞれが、実証のみ解釈のみに行き過ぎることがないよう、相互補完的に制御しあう役割を果たしているのである。

6　すべては考古学のために

小論では、文化／社会人類学などの視点を交えつつ、実証と解釈という考古学の研究実践における二つの様相に焦点を当て、プロセス学派とポストプロセス学派の相克を検討した。その結果、両学派は、必ずしも二者択一を迫る排他的な関係などではなく、むしろ考古学の研究実践において相互補完的な役割を担っている、という結論が導かれた。

もっとも、こうした理解には、さまざまな異論が提起されることが予想される。たとえば、科学志向や近代主義に対するプロセス学派とポストプロセス学派の相違は、決して解消可能なものではなく、考古学を超えた近代科学をめぐるパラダイムの対立にほかならない、という異議があげられる。こうした異議は、科学哲学など思想史的潮流に照らしても十分に承認できる主張といえる。したがって、ここでの結論は、あくまでも考古学の研究実践に焦点を当てたことにより得られた、限定的な見解と認識すべきものである。

とはいえ、小論は、阿子島香と溝口孝司の対話から導かれたものであることは、改めて明記しておきたい。二人の対話は、決裂の方向性に向かうことなく、自らの学派の理論や志向を主張しつつも、相手の主張の中に受け入れるべき重要性が孕まれていることを承認し合っていた。その応答を、私は考古学の研究実践における、実証と解釈の振り子として理解したのである。もっとも、こうした理解の正否は、対話者の二人をはじめとする考古学にかかわる研究者の批判に委ねるほかない。

ところで、二人の対話の中で、一つ共通していた点を最後にあげておきたい。それは、考古学による他分野に対する貢献に関して、二人ともに極めてたんぱくかつ冷淡であった——と少なくとも私個人が感じた——ことである。誤解を避けるために述べておくと、阿子島も溝口も、考古学は他分野に対して貢献できる、さまざまな研究成果を生産していることを認めていた。ただそれは、他分野のフィールドにわざわざ出向いて賢しらに顕示すべきものではなく、考古学は自らの研究フィールドで研鑽を重ねることこそが、他分野にも貢献しうる成果を生む最良の選択肢と考えていることが、二人の発言の端々から窺われた。

こうした姿勢は、文化／社会人類学とは明確な対比を成すものである。文化／社会人類学は、理論面では哲学や現代思想から、応用面では政治経済やアクティビズムに至るまで、積極的に他分野に成果を提示し貢献を果たすことを志向してきた。この志向は、まず同分野が異文化を対象とした調査研究に従事してきたがゆえに、近代社会を所与の前提とする人文社会学を含む諸研究分野に批判を展開してきた、という学史的背景に由来している。これに加え、文化／社会人類学は、かつて文明や近代に対置する「未開」や「伝統」などと形容された社会文化を対象としてきたが、そういった自らが専従してきたフィールドがグローバリズムなどの進展によって急速に変容し、異文化という彼我の差異が極めて不明瞭になっている、という今日的状況も反映している。さらには、自らがフィールドとしてきた異文化の現場や課題に、ディシプリンを異にする他分野の研究者が参入し民族誌調査を行う事態にも直面するようになった。これら要因は複合的ではあるものの、文化／社会人類学は、自らのレゾンデートルを維持するために、他分野に対して成果を提示しディシプリンを超えた貢献を志向しているのである。[16]

これに対して、考古学は、文化／社会人類学とは異なり学史的背景に基づく動機、中心的な研究対象の変容、隣接研究領域との競合関係などにおいて、積極的に他分野に成果を発信しなければならない切迫した状況にはない。取りも直さず、それは遺跡、遺構、遺物などの考古資料を一次的に取り扱い、基礎的かつ中核的な調査研究を担うのは考古学をおいてほかにはないからである。民族誌調査に基づき異文化社会を語るのは、文化／社会人類学でなければならない理由はないが、考古資料や発掘調査から過去を語ることができるのは、現実問題として考古学しか果たせないだろう。[17] いずれにせよ、こうした考古学しか担えない役割があるからこそ、あえて他分野に成果を示し積極的に貢献を果たそうとしなくとも、自ずと考古学はアカデミズムの中でも一般社会に対しても研究意義が承認されている。またそうしたあり方は、今後も変わることはなさそうである。

であるならば、考古学がなすべきは、決して揶揄などではなく、まず自らの調査研究に専念することとなる。それこそ考古学が、他分野ひいては一般社会に対して果たしうる最大の貢献であり責務といえよう。そういった意味で、阿子島と溝口の他分野への貢献に対する姿勢は、考古学が担う役割と責務を強く自任しているがゆえの選択とみなすことができる。もっとも、その真偽は、二人に答えを求めるしかないことではある。とはいえ、プロセス学派とポストプロセス学派の論争は、科学哲学やポストモダニズムなど近代諸科学の根幹にかかわる深淵かつ重要問題に連なりつつも、究極的には考古学のために行われたことに疑いの余地はないだろう。

序では、阿子島香と溝口孝司の対話が「なぜ今なのか」との問いを掲げた。ただ小論を進めるうちに、どうもこれは間違った問いかけではなかったか、との思いを抱くようになった。プロセス学派とポストプロセス学派の論争は、時代の潮流によって廃れるような思想的流行などではなく、何時においても考古学にとって不可避な問題提起ではなかったのかと。二つの学派の論争は、学史上の過ぎ去ったトレンドなどではなく、今現在においても考古学が直面すべき課題であることを想い起させる、それこそが阿子島と溝口という二人の碩学が対話した真意だったのではないだろうか。

註

［1］私個人の経歴や背景などが、本書読者層の関心をどれほど集めるものか定かではないが、評者の責務として概要を提示しておきたい。私自身は、文化／社会人類学者を自称・自認しているわけではないが、現在までの経歴や職責から同分野に関連する調査研究・教育活動に従事している（e.g. 大西 2014）。ただし、学部と大学院では、考古学を主専攻とする教育を受けてきた。また比較的初期の研究業績を中心に、数編の論考が考古学関連の学術誌に掲載されている（e.g. 大西 2009）。なお小論との関係で述べるならば、学部から大学院を過ごした一九九〇年代は、日本考古学ではニュー・アーケオロジーからポストプロセス学派までが紹介され理論・方法論が激しく問われた時期であり、また文化／社会人類学ではポストモダニズムの嵐が吹き荒れた時代であったため、どちらの研究領域でも広義のパラダイムシフトを目の当たりにした。この経験は、小論の基盤となっている。ちなみに、大学院生時代の経験として、阿子島香と溝口孝司の集中講義を隔年で聴講する幸運を得ている。

［2］アメリカ合衆国を中心とする北米大陸では、民族誌調査に基づく人類学的研究を表現する語彙として、「社会人類学（Social Anthropology）」は積極的に用いられていない。むしろ、社会人類学は、伝統的にイギリスを中心とする西欧諸国で使用されているタームである。もっとも、北米大陸の文化人類学と西欧諸国の社会人類学は、単に地理的・社会的隔離に基づく学史的背景の違いによって規定できるものではなく、入れ子状に錯綜した非常に複雑な関係性を――理論・方法論の形成と継承、研究の実践と成果、人的・組織的交流に基づく系譜などを含め――形作っている（cf. Kuper 2014; Stocking 1982; 竹沢 2007）。

［3］ちなみに、日本の生態人類学は、京都大学理学部人類進化論研究室と東京大学理学部人類学教室・医学部人類生

態学教室を中心に推進された、北米大陸の新進化主義とは系譜を異にするスクールである（秋道・市川・大塚 1995, pp. 5-15）。むしろ、日本の生態人類学は、北米大陸の新進化主義を積極的に批判してきた傾向が指摘できる。

[4] 新進化主義の系譜は、単系進化を主張したホワイトよりも、多系進化を提唱したスチュワードを継承するものが現在主流を占めている。この背景には、北米の文化人類学における文化相対主義の根強い影響が窺われる。しかし、プロセス学派によって実践される民族考古学などは、スチュワードのみならずホワイトの新進化主義にも基づく、極めて希少な民族誌調査・研究とみなすことができる（大西 2014, p. 42）。

[5] もっとも、言語学では、ソシュールの言語理論を紹介・流布したのは、R・ヤーコブソンの業績に負うところが大きい。またレヴィ＝ストロースにソシュール理論に立脚する構造言語学を教授したのも、同じユダヤ人としてナチス・ドイツによる迫害を逃れてアメリカに亡命した際、ニューヨークのニュースクールで同僚であったヤーコブソンである。とはいえ、哲学も含め、ソシュールの言語理論を構造主義という現代思想に位置付けたのは、レヴィ＝ストロースの構造人類学の貢献が大きいことに異論はないだろう。

[6] またポストプロセス学派とみなされる諸論考においても、レヴィ＝ストロースをはじめとする構造人類学以降からポストモダニズム人類学までの理論や研究成果が数多く引用・参照されている（e.g. Hodder 1986; Shanks & Tilley 1987a, 1987b）。ただ溝口自身は、文化／社会人類学者による研究よりも、A・ギデンズやN・ルーマンなど西欧諸国の社会学者のものを好んで積極的に引用・参照している。

[7] なお確認のため付言しておくと、人間という生物は、同じ人間集団によって構成される「社会」なしでは、そもそも生存することが大前提としてできない。というのも、誰しも人間は、例外なく未成熟状態で生まれ、しかも授乳をはじめとする長期の育児と保護が不可欠だからである。狼や類人猿など人間以外の生物に育てられた孤児の逸話は、科学的に検証されない神話や物語の産物にすぎない。

[8] 言語を構成する音素は、現生人類の遺伝的な聴覚能力で聞き取ることができる――あるいは発声能力で発音できる――音域という制約内であれば、ソシュール言語学を基にした丸山圭三郎が議論しているように徹底的に恣意的で無根拠なものである（cf. 丸山 1981）。英語話者には自明の〝l〟と〝r〟の違いが、非英語話者には聞き分けも発音も困難となるケースを想定すれば、この指摘は容易に理解できるだろう。

[9] この実証の手続きは、過去の出来事を明らかにしよう

とする文献史学においても、基本的に共有されるものとなるだろう。ただし、歴史記述は現実を反映しているものではなく、あくまでもテキスト解釈として実践すべきである、という言語論的転回（cf. Spiegel 1991; Toews 1987）に立脚する学派に関してはその限りではない。

［10］民族誌調査で記述された現地の人びとの行動や発話の真偽が、文化／社会人類学の中で問われることは稀ではあるものの、M・ミードの『サモアの思春期』(Mead 1928) に対するD・フリーマンの批判的件検証（Freeman 1983）や、C・カスタネダの著作の真正性に対する懐疑（De Mille 1976）など、これまでの学史の中でも何度か行われてきた。だが、それらは狭義の検証手続きというよりは、むしろ調査研究の不備や不正を糾弾するものとなるため、往々にして学史上のスキャンダルとして認識されている。

［11］たとえば、仮に調査時の発話や行動の収集過程をビデオ動画などで完全に記録し、その膨大なデータを提示したとしても、それで真正性が確保できるわけではない。というのも、その気になれば、いくらでも疑念を提起することが可能だからである。たとえば、記録前に調査者が被調査者に捏造を指示している可能性や、調査者は真摯に調査記録していたとしても被調査者が嘘をついていたり演技をしている可能性などなど、どこまで記録したとしても完全には疑義が否定しきれないからである。

［12］もし、これが誤謬と判断されないならば、歴史の改竄をも認めてしまう非常に危険な方向性を孕むものとなる。ナチスのホロコーストで犠牲となった人びとの数は、政治的な歪曲を防ぐためにも、決して解釈次第で増減したり――ましてや消えて無くなったり――して良いような類のものではなく、どこまでも実証すべき対象にほかならない。現実世界との対応を棄却する――言語論的転回などに依拠した――なんでもありの解釈は、テキストのみに閉じた文芸批評などで成り立ったとしても、現実世界そのものを捻じ曲げる狡知にすり替えることを許してはならない。むろん、そうした解釈の濫用は、ポストプロセス学派が目指すあり方とは真逆の忌むべき方向性であろう。

［13］ただし、考古学的な研究実践のすべてが追検証可能とは限らない。たとえば、遺跡発掘などは、その調査が適切なものであったのか否か、再現性が確保できないため厳密には完全な追検証はできないだろう。

［14］生命の進化は、過去から現在に至るまでの一過性の歴史現象であるため、現実には再現性＝追検証性を確保することが不可能である。だがＤＮＡの発見により、それを物質的証拠――つまり物証――として分析・検討することで、再現性＝追検証性を確保することが可能になったといえる。自然科学に分類される研究の中にも、ハードサイエンスの

要件を厳密には満たすことできない分野が少なからず存在している。

[15] もっとも、この寓話から実証と解釈は、必ずしも考古学が対象とする過去のみならず、現在の実社会においても人間行動を記述する際に求められるものである、ということが認識できる。とはいえ、小論で文化／社会人類学との対置を通して確認したように、考古学のように実証が不可欠の手続きとして研究実践に位置付けられ、またそれが可能となる分野は実際には限定される。

[16] もっとも、こうした文化／社会人類学のあり方は、非常にポジティブに評価すべきものである。他分野と交流・格闘し、自らの研究成果を提示する経験は、同分野を発展させる貴重な蓄積となっている。

[17] この言明に対して、考古資料とされるものの中には、年代測定をはじめとする理化学分析など、考古学あるいは考古学者には手に負えないケースが、近年ますます増加しているではないか、という批判が提示されるかもしれない。あるいは、土器や石器に美的な価値を見出すことや、想像の翼を広げ発掘現場から過去に思いをはせることなど、いわゆる一般市民を含めた専門家ではない人物の自由な解釈を閉ざす、旧態依然としたアカデミズムの排他的な志向ではないか、という異議が予想される。しかし、これらの批判や異議は、あくまでも考古学が発掘調査などによって資料を提示した後に行われる、副次的な事例を指摘したものといえる。またもし仮に、考古学の調査研究の方法や手続きを経ないで、発掘などが行われた場合、そうした行為に対して考古学は遺跡破壊として批判するだろう。部分的なケースを別にすれば、考古資料を第一次的に提示しているのは、現実としてアカデミズムにおいても一般社会においても考古学の研究実践にほぼ限定される。

参考文献

秋道智彌・市川光雄・大塚柳太郎（編）1995.『生態人類学を学ぶ人のために』京都：世界思想社

阿子島香 1983.「ミドルレンジセオリー」芹沢長介先生還暦記念論文集刊行会（編）『芹沢長介先生還暦記念論文集　考古学論叢Ⅰ』pp.171-197, 東京：寧楽社

阿子島香 1998.「ルイス・ビンフォードの軌跡」民族考古学研究会（編）『民族考古学序説』pp.22-44, 東京：同成社

Binford, L. R. 1962. Archaeology as anthropology. *American Antiquity*, 28(2): 217-225.

Binford, L. R. 1968. Archaeological perspectives. S. R. Binford & L. R. Binford (eds.) *New perspectives in archaeology* (pp.5-32). New Branswick, NJ: Aldine Publishing.

Clifford, J. 1988. *The predicament of culture: Twentieth-*

century ethnography, literature, and art. Cambridge, MA: Harvard University Press. 太田好信他訳『文化の窮状：二十世紀の民族誌学、文学、芸術』京都：人文書院、2003

Clifford, J. & Marcus, G.（eds.）1986. *Writing culture: The poetics and politics of ethnography*. California, CA: The University of California Press. 春日直樹他訳『文化を書く』東京：紀伊國屋書店、1996

De Mille, R. 1976. *Castaneda's journey: The power and the allegory*. Santa Barbara, CA: Capra Press.

Dove, R. M. & Carpenter, C.（eds.）2007. *Environmental anthropology: A historical reader*. New York: Wiley-Blackwell.

Freeman, D. 1983. *Margaret Mead and Samoa: The making and unmaking of an anthropological myth*. Cambridge, MA: Harvard University Press.

Haenn, N. & Wilk, R. R.（eds.）2005. *The environment in anthropology: A reader in ecology, culture, and sustainable living*. New York, NY: New York University Press.

Hodder, I. 1986. *Reading the past: Current approaches to interpretation in archaeology*. New York: Cambridge University Press.

Keeley, L. H. 1980. *Experimental determination of stone tool uses: A microwear analysis*. Chicago, IL: University of Chicago Press.

Kuper, A. 2014. *Anthropology and anthropologists: The British school in the twentieth century 4th Edition*. New York: Routledge.

Lévi-Strauss, C. 1958. *Anthropologie structurale*. Paris: Plon. 荒川幾男他訳『構造人類学』東京：みすず書房、1972

Lévi-Strauss, C. 1962. *La Pensée sauvage*. Paris: Plon. 大橋保夫他訳『野生の思考』東京：みすず書房、1976

丸山圭三郎　1981.『ソシュールの思想』東京：岩波書店

Mauss, M. 1950. *Sociologie et anthropologie*. Paris: Les Presses universitaires de France. 有地亨・山口利夫訳「身体技法」『社会学と人類学Ⅱ』pp.121-156, 東京：弘文堂、1976

Mead, M. 1928. *Coming of age in Samoa*. New York: William Morrow and Company. 畑中幸子・山本真鳥訳『サモアの思春期』東京：蒼樹書房、1976

溝口孝司　1999.「ポストプロセス考古学」安斎正人（編）『用語解説現代考古学の方法と理論Ⅰ』pp.165-171, 東京：同成社

溝口孝司　2016.「考古学理論の転変と史的背景に関する一試論：欧米考古学を主要な対象としての分析と提言」『考古学研究会』63(3)：85-104

Moran, E. F.（ed.）1984. *The ecosystem concept in*

anthropology. Boulder, CO: Westview Press.

Moran, E. F. (ed.) 1990. *The ecosystem approach in anthropology: From concept to practice*. Ann Arbor, IL: The University of Michigan Press.

大西秀之 2009.『トビニタイ文化からのアイヌ文化史』東京：同成社

大西秀之 2014.『技術と身体の民族誌：フィリピン・ルソン島山地民社会に息づく民俗工芸』京都：昭和堂

Rappaport, R. A. 1979. *Ecology, meaning and religion*. Berkeley, CA.: North Atlantic Books.

Sahlins, M. D. 1974. *Stone age economics*. Chicago, IL: Aldine-Atherton.

Sahlins, M. D. & E. R. Service (eds.) 1960. *Evolution and culture*. Ann Arbor, IL: The University of Michigan Press.

Schiffer, M. B. 1983. Toward the identification of formation processes. *American Antiquity*, 48(4): 675-706.

Service, E. R. 1971. *Cultural evolutionism: Theory in practice*. New York: Holt, Rinehart & Winston of Canada Ltd.

Shanks, M. & Tilley, C. 1987a. *Social theory and archaeology*. Cambridge: Polity Press.

Shanks, M. & Tilley, C. 1987b. *Re-constructing archaeology: Theory and practice*. Cambridge: Cambridge University Press.

Spiegel, G. M. 1990. History, historicism, and the social logic of the text in the Middle ages. *Speculum: A Journal of Medieval Studied*, 65(1): 59-86.

Steward, J. H. 1977. *Evolution and ecology: Essays on social transformation*. Champaign, IL: University of Illinois Press.

Stocking, G. W, Jr. 1982. *Race, culture, and evolution: Essays in the history of anthropology* (reprint with new preface). Chicago, IL: The University of Chicago Press.

竹沢尚一郎 2007.『人類学的思考の歴史』京都：世界思想社

Toews, J. E. 1987. Intellectual history after the linguistic turn: The autonomy of meaning and the irreducibility of experience. *The American Historical Review*, 92(4): 879-907.

Townsend, P. K. 2000. *Environmental anthropology: From pigs to policies*. Long Grove, IL: Waveland Press, Inc.

White, L. A. 1959. *The evolution of culture: The development of civilization to the fall of Rome*. New York: McGraw-Hill.

第4章　歴史科学としての現代考古学の成立
――研究者ネットワークと周辺分野との関係について

三中信宏

二〇一六年六月五日日曜日の午後に一ツ橋の学術総合センターで開催された〈ムカシのミライ：プロセス考古学×ポストプロセス考古学〉に参加した私が会場からつぶやいた一連のツイートは登壇者の一人である溝口孝司が束ねてくれた（溝口 2016）。当日の対談と鼎談の記録とともに、私自身のツイート群をあらためて読み直してみると、私が会場で感じ取ったいくつかの問題意識あるいは疑問点が形をなして浮かび上がってくる。

以下では、次の三つの論点に絞って私の感じたことを書き記そう。第一の論点は、考古学における仮説の検証可能性である。対談者である阿子島と溝口はそれぞれプロセス考古学とポストプロセス考古学の立場から考古学的仮説の検証可能性――その認識論および存在論の両側面――に言及している。私は、自分の専門分野である生物体系学と考古学とを照応させながら、広義の〝歴史科学〟としての両学問分野が提示された理論（仮説、モデル、あるいは説明）をデータに基づいてどのようにテスト（検証）するのかという点に関心を持つ。アメリカ考古学における一九六〇年代以降のパラダイムの移り変わりは、同じアメリカの生物体系学における変遷の経緯と同時代的であるばかりでなく、仮説や理論の検証可能性を科学哲学的に再検討するという点でも共通している。この並行性は極めて興味深い。

第二の論点は、（アメリカの）考古学界における理論枠（研究プログラム）の変遷とその世界的影響である。一九六〇年代の「ニュー・アーケオロジー（New Archaeology）」からはじまり、一九七〇年代の「プロセス考古学（Processual Archaeology）」を経由して、一九八〇年代の「ポストプロセス考古学（Post-Processual Archaeology / Archaeologies）」へと連なっていくという〝直線的〟な理解はおそらく現実からはかけ離れているだろう。とすると、それらの〝学派〟間の相互関係と研究者の人的ネットワークは研究者コミュニティにどのような〝学問的風景〟をもたらしたのか。さらにいえば、アメリカ以外（たとえば日本）からの作用と反作用はどのように捉えることができるのか。結果的に日本の考古学界とは〝距離〟を置くことになった阿子島と溝口ならばもっと言いたいことがあるのではないか。

第三の（最後の）論点は、日本の考古学界に見られる全般的風潮としての「理論軽視」と「個物重視」がもたらした学問文化的な影響である。一方の阿子島はアメリカ考古学の理論変遷に関して「日本は、その影響が最も少なかった国の一つであるということは、たしかに言えると思う」と述べ、他方の溝口は「日本考古学という言説空間に、言明・言説編成のための〈参照枠〉が現在存在していない」と指摘する。理論・方法論・哲学に対する関心の欠如ないし忌避と個々の事物に対するこだわりと偏愛的執着は、実は日本の考古学だけにかぎらず、日本（を含む東アジア文化圏）の科学全般に内在するもっと根の深い問題であると考えられる。

１　現代考古学における仮説の検証可能性

生物体系学は進化や系統を踏まえた生物多様性の体系化を目標に据えている。多くの体系学的研究では、ＤＮＡの塩基配列情報にせよ形態的形質にせよ、利用できるデータがもともと限られていて、その制約のもとで系統樹の推定をしたり、進化過程に関する推論を行うのが常である。生物進化や系統発生という過去に完了してしまった歴史事象そのものを考察の対象としている以上、自然科学において進化学・体系学・系統学と呼ばれる学問分野が人文社会科学における歴史学や考古学に極めて近い立ち位置を占めていることは容易に理解できるだろう。

直接的な観察や実験の反復がもともと不可能であるというこれら広義の〝歴史科学〟の共通点はあまりにも自明すぎるが、だからといって物理学のような典型的な（すなわち〝非歴史科学〟な）実験科学と〝歴史科学〟とを最初から相容れない両極に対置させることは実は妥当ではない。

科学史家レイチェル・ラウダンは歴史科学と非歴史科学という区別そのものに疑念を呈している。

「信頼の置ける知識を得るための方法についていうならば、歴史科学と非歴史科学という科学分類はどうでもいい。たしかに、過去のものやできごとは直接的には観察できない。しかし、非歴史科学が対象としているものやできごとであっても直接観察できない場合は少なくない。そういう障害を克服しようと努力しなければならないのはどの科学でも変わりはない。……〝歴史とはそんなに特別なのか〟という問いに対して、知識論の観点から私が提出する答えは次のとおりだ――〝特別なことなど何ひとつ見当たらない〟」（Laudan 1992, pp. 65–66）

一般に、歴史といえば真偽のはっきりしないただの〝物語〟であるかのように見下されることがある。現代の進化生物学でさえ分子生物学者にかかれば「あんなのは科学ではない」と一顧だにされないかもしれない。しかし、データに基づく検証（反証）をどのように実行するかは、ひとえに仮説の立て方に依存している。たしかに、時空を超えた普遍的法則を追い求める「法則定立的」な物理学と例示的かつ歴史的な記載に基づく「個別記述的」な歴史学という対置はわかりやすい。しかし、その対置がうまくあてはまらないことも少なくない。

たとえば、生物進化の例を挙げると、自然淘汰や中立進化のような進化過程は、特定の地質時代や分類群に限定されることなく、生物が地球上に出現して以来という条件さえ付けるならば、ほぼ〝普遍的〟な法則とみなすことができる。特定の環境条件のもとでの遺伝子の淘汰や分子レベルでの遺伝子配列の中立的置換に関しても、これまでさまざまな理論的モデルを用いた研究が蓄積されてきた。それらのモデルに含まれるパラメーター値を変えることによりある程度の普遍性をもたせれば、時空的に異なる状況に対して共通の規則性が成り立つことが示せる。

他方、普遍的法則を論じることが多い物理学であったとしても、個別事例を記載したりその歴史に関する仮説を立てることもありうる。たとえば、宇宙物理学では天体の起源と変化を論じる宇宙進化論の実体は定向的に決定づけられた遷移系列にすぎない。しかし、同じ天体物理学でも、ある特定の星がどのような歴史的変化をたどるのかという仮説を立てるならば、法則定立的ではなく個別記述的なアプローチが必要となる（O'Hara 1997）。

一九一八年に天文学者・平山清次によって発見された「平山ファミリー（Hirayama family）」とは、火星と木星の中間にかつて存在していたある母星から分裂して生じたと推定される複数の小惑星からなる族である（Hirayama 1918）。祖先である母星から派生した子孫の小惑星は全体として一つの単系統群を構成する。小惑星のもつ公転軌道形状の特性値（離心率、軌道傾斜角など）のデータに基づいてファミリーを推定することは、生物体系学における系統推定と事実上まったく同じ問題を解いているとみなすことができる。その後、平山の発見は他の小惑星の系統推定（Milani & Farinella 1994）や電波を発するクエーサーの系統推定（Fraix-Burnet *et al.* 2017）へとつながり、今では天体物理学における汎用的な系統推定法――「astrocladistics（天体分岐学）」と呼ばれる――として確立されている。

物理学のような法則定立的な〝非歴史科学〟と進化学や考古学のような個別記述的な〝歴史科学〟というレッテルを貼ってしまうことは、科学のもつ内的あるいは外的な多様性を理解するうえで大きな妨げとなる。たとえある一つの科学分野の中であっても、普遍法則の発見が目指す問題の立て方もあれば、個別事例の記載や復元を目標とする問題の立て方もあるという柔軟な見方が必要である。多様な科学のスペクトラムを見わたすとき、データに照らした検証可能な問題（仮説・モデル・説明）の立て方はいつでも可能であるという楽観的な見解を私は支持している。生物進化学や体系学であっても、あるいは考古学や文化進化学であっても、この点に関しては大きな差異はないだろう。

むしろ、歴史科学における仮説の経験的検証の内容の方がより重要である。過去の歴史的事象に関する仮説は直接的な実験や観察によって決着がつけられることはほとんどない。しかし、それをもって歴史科学の仮説にとって致命的な瑕疵とみなすのは早計である。仮説演繹主義を推し進めた科学哲学者カール・ポパーは、クラス（類）に関する普遍法則の仮説だけが反証可能であるのではなく、歴史科学における唯一的な事象の仮説もまた反証可能であると指摘した。

「古生物学、地球上の生命の進化史、文学史、技術史、科学史のような歴史科学は科学としての性格を持たないと私が主張したように考えている人がいる。しかし、それはまちがいである。私の考えではこういう歴史科学は科学としての性格を備えているのだ。私はそれを喜んで認めよう。多くの場合、歴史科学の仮説は検証可能である。歴史科学は個別事象（unique events）を記述するがゆえに検証不可能であるかのごとく考えている者が見受けられる。けれども、個別事象の記述は、ほとんどの場合それらの記述からテスト可能な将来予測（prediction）もしくは過去予測（postdiction）を導出すれば検証は可能なのである」（Popper 1980, p. 611）

ポパーの反証に基づく厳格な仮説演繹主義によれば、歴史科学における言明が何らかの予測を生み、規則性ないし反復性をともなって検証できなければならないという条件を課している（Rieppel 2003, p. 265）。しかし、一般の歴史科学では、ほとんどの場合、普遍言明ではなく単称言明として仮説が立てられる。生物進化学でいえば、自然淘汰や中立進化のように普遍的な形式を持つ仮説はもちろんあるにはあるだろうが、大部分は特定の生物群に関する系統関係や共通祖先に関する単称的な仮説である。考古学でも、すべてとはいわないが、まったく同様のある時代と地域に限定された単称仮説の構築が大半ではないか。進化学・体系学や考古学などの歴史科学にポパー的な「強反証主義（strong falsificationism）」をそのまま適用するのはおそらく現実的ではないだろう（三中 2018, 第5章）。

科学哲学者エリオット・ソーバーは、ここでいう「強い反証主義」とは反証を「論理的不整合（logical incompatibility）」とみなす立場であるとする（Sober 1988, pp. 125–126 訳書 pp. 156–157）。つまり、あるデータが仮説を「強く反証」するとき、データあるいは仮説のどちらかがまちがっているわけだから、いずれかが〝偽〟として棄却されなければならない。しかし、ソーバーによれば、この「強反証主義」の立場は生物体系学の系統推定論にとって必ずしも適切とはいえないだろうと指摘する。「強反証」という解釈のもつ大きな欠点は、たがいに不整合なデータと仮説がどちらも〝真〟であるかもしれないという状況に対応できない点にある。

　データと仮説との関係をめぐるこの問題を解決するために、ソーバーは、絶対的真偽を要求する強反証主義ではなく、データに基づく仮説の相対的評価という「弱反証主義（weak falsificationism）」の立場を唱える。

> 「いま観察Oが仮説Hに反する証拠を与える（disconfirm）とき、HはOによって弱反証（weakly falsified）されると呼ぶことにする。重要なことは、たとえOとHがともに真であったとしても、OはHを弱反証できるという点である。上の強反証の関係では、この可能性は除外されていた。Popperの科学哲学は、ここでの議論にはほとんど何の役にも立たない。彼は弱い反証についてほとんど触れていないからである。何と言われようが、Popper は仮説演繹主義者だった」（Sober 1988, p. 126 訳書 p. 157）

強反証に基づく厳密な演繹的推論は普遍クラス（たとえば元素のクラス）に対してもっぱら適用されるが、弱反証に基づく非演繹的推論は歴史的に唯一性をもつ個別現象をも適用対象とすることができる（Kluge 1997, p. 87）。反復実験や直接観察が可能な普遍クラスならば、得られた観察データを用いて仮説の強反証を実行することは原理的に実行可能だろう。しかし、反復や再現がもともと困難である歴史科学（進化学・体系学はもちろん考古学も含まれる）は、たとえデータがあっても強反証はそもそも不可能にちがいない。その一方で、弱反証に基づく非演繹的推論（すなわちアブダクション）であれば、観察データが仮説に与える相対的支持の程度にしたがって対立する仮説間での選択を行うことが可能になる。

経験的推論におけるデータと仮説との関係は単に認識論のみにとどまるものではない。それはどのような実体に関する推論を行うかという存在論（形而上学）の仮定とも絡み合っている。生物体系学では「種（species）」や「分類群（taxon）」のような個別化される単位としての〝実体〟がどのような存在論的意味を持つかをめぐって長年にわたって論争が続いている。その論争は進化や系統発生をいかなる認識対象として捉えるかという根本問題と深くかかわっている（三中 2017a, 2017b）。考古学においても時代を越えて伝承される〝もの〟が何であるのかという存在論的問題がいくつもあったにちがいない。存在論的な仮定に基づいて立てられる仮説の認識論的な意味付け（たとえば検証可能性の程度）はケースバイケースで異なるだろう。存在論と認識論とは不可分であって、どちらか一方だけを切り離して論じることは困難ではないだろうか。

2　現代考古学の系譜と研究者コミュニティ

今回の対談（と鼎談）の内容を理解するには、現代（アメリカ）考古学の知的系譜、すなわち旧来の「文化史考古学（Culture-History Archaeology）」に対立して派生した「新しい考古学」、「プロセス考古学」そして「ポストプロセス考古学」という新たな学派の成立についての知識が必要だろう。幸いにしてマイケル・オブライエンらによる考古学史研究『過程としての考古学：プロセス主義とその後継（*Archaeology as a process: processualism and its progeny*）』（O'Brien *et al.* 2005）のおかげで、過去半世紀にわたる考古学者コミュニティの変遷と動態の詳細を知ることができる。

オブライエンらがこの本を書くにあたって模範としたのは（そして書名までそのまま借用したのは）、生物学哲学者デイヴィッド・ハルによる生物体系学と進化学の現代史の大著『過程としての科学：科学の社会的および概念的発展の進化的説明（*Science as a process: an evolutionary account of the social and conceptual development of science*）』（Hull 1988）だった。両者に共通する基本認識は、科学という営為はそれを推進した研究者コミュニティによる〝作品〟であるという点にある。いままさに目の前で動いている科学という〝過程〟を研究者たちが形作るネットワークの観点から見直すことにより、科学的な理論や仮説の生成・変遷・消滅を説明できる概念進化モデルを提示するという目標をハルは据えた。その目標設定は、同時に、現実の科学が生息する〝場〟が科学史的にどのように形成されたのか、そして科学哲学というもう一つの軸が科学とどのような関わりをもったのかという疑問の解明につながることが期待された。

系譜として時空的に変化し続ける実体（進化体）としての科学の様相をそれを実質的に担っている科学者コミュニティに着眼して分析する先駆的研究の一つに、地質学者にして科学史家のマーティン・ラドウィックによる著書『大デボン紀論争：郷紳専門家集団における科学的知識の形成（*The great devonian controversy: the shaping of scientific knowledge among gentlemanly specialists*）』（Rudwick 1985）が挙げられる。一九世紀前半のイギリス地質学界で長年にわたって戦わされたある論争を詳述したラドウィックは、当時の研究者コミュニティでの議論の経緯を綿密にたどった。また、比較哲学の分野でも、社会学者ランドル・コリンズによる浩瀚な研究書『哲学の社会学：知的変遷のグローバル理論（*The sociology of philosophies: a global theory of intellectual change*）』（Collins 1998）がある。コリンズは、古今東西の哲学者たちの知的（人的）ネットワークを鳥瞰することにより、世界史全体にわたる哲学思想の動態を科学社会学的に解明するというラドウィックと同様の目標設定をした。彼は、哲学の概念や思想は哲学者を通じて媒介され伝搬するのだから、哲学者が形成したネットワークの様相と変化をたどることにより比較哲学が可能だと主張した。とりわけ、そのネットワークを支えた同僚、師弟、そして敵対者の存在が哲学思想の変遷を説明する要因としてもっとも重要であるというコリンズの主張は、哲学や科学における概念・理論・思想の変化を人間集団の観点から理解することの有益性を示唆している。

私は特に系統体系学（phylogenetic systematics）の現代史に関心があったので、先述のハルよりももう少し射程を狭め、生物の系統関係を推定する「系統推定論」が過去一世紀にわたってどのように変遷してきたかを、関係するいくつかの研究者コミュニティを追いながら考察した（三中 2018）。どのような哲学と理念と方法論のもとで系統推定を行い、生物多様性の体系化を目指すかをめぐっては、アメリカ考古学が揺れ動いたのとまったく時を同じくする一九六〇年代以降に、いくつもの学派が発生し、あるものは現代まで存続したが、途中で消え去ったものもあった。極めて興味深いことに、一九六〇年代以降の生物体系学の諸学派の間では、方法論と科学哲学をめぐる論争が頻繁に勃発した。その中では、理論や仮説の科学的地位を擁護するために科学哲学者カール・ヘンペルやカール・ポパーの科学方法論が取り沙汰された。この点はアメリカ考古学でもまったく同様の傾向があったとオブライエンらは指摘している（O'Brien *et al.* 2005, p. 3, 43, 110）。さらにもう一つ挙げるならば、生物体系学の一学派である「分岐学派（cladistics）」とプロセス考古学派が、それぞれの研究者コミュニティ内で一貫して〝挑発的〟かつ〝無作法〟なふるまいを見せつけるなど行動特性が奇妙なほど一致している点だ。一九六〇〜七〇年代特有の反権威主義的な時代精神（Zeitgeist）のようなものが科学分野の壁を超えて無意識に共有されていたかのようだ。

このような科学者コミュニティの動態をふまえて考古学の現代史を考察するとき、いくつかの疑問点が浮かび上がる。アメリカの現代考古学の思潮の変遷については上記のオブライエンらの研究（O'Brien *et al.* 2005）はたしかに参考にはなるが、周辺分野との相互関係については必ずしも掘り下げられてはいないようだ。たとえば、考古学的な構築物（遺物・様式・意匠など）の型式分類や変遷過程を分析するには何らかの体系学的方法論（分類学と系統学）が必要になるだろう。プロセス考古学の領袖ルイス・ビンフォードが一九六〇年代に科学としての考古学を唱えたとき、彼は同時代の生物体系学において新たに勃興しつつあった数量表形分類学（numerical phenetics）の適用を考えたという（O'Brien *et al.* 2005, p. 46）。その後、先史学・考古学における分類の一般的な方法論を定式化したロバート・ダンネルの著書『先史学における体系学（*Systematics in prehistory*）』（Dunnell 1971）において、型式（type）の範型的分類（paradigmatic classification）や編年における組列化（seriation）を論じるにあたって、クラスター分析をはじめ当時の数量表形学派が用いた多変量解析の統計手法群が取り上げられている。一九六〇年代から一九七〇年代にかけては数量表形分類学的手法が生物体系学の分野でおおいに流行したことは事実である。その波及効果として考古学にもそれらの手法が用いられるようになったことは十分に想像できるが、アメリカの生物体系学とプロセス考古学の間でどのような相互作用あるいは影響関係があったのかは興味を惹く点である。

両分野間の相互関係でいえば、系統推定論についても同様の疑問が提起できる。二一世紀に入ってからは、考古学の分野で遺物や出土物に関する〝系統推定〟に生物系統学で用いられている理論や方法論を適用するという研究がアメリカを中心に活発に進められている（O'Brien & Lyman 2003a, 2003b; Lipo *et al.* 2005; Mace *et al.* 2005; Straffon 2016; 安達 2016）。文化進化学や文化系統学の分野が全体として生物体系学の最新の系統推定論を借用しつつある傾向は顕著だが（三中 2012a, 2012b, Minaka 2016, 2018; 三中 2018, 第3章）、現代考古学もまたその潮流に乗りつつあるとしてもまったく不思議ではない。過去の歴史を復元する学問分野（生物体系学、歴史言語学、考古学など）は総称して「歴史叙述科学（historiographic sciences）」と呼ばれるが（Tucker 2004）、既存の学問を隔ててきた〝壁〟を超えて、これらの歴史叙述科学が共通の方法論を有しているという認識は積極的に評価しなければならない。私が関心を持つのは、現代考古学が系統推定の方法論に関心を持つに至ったのはどのような経緯によるものなのかという点である。プロセス考古学者は、文化進化の普遍理論を探究するという大目的を掲げるからには、同時代の人類進化論を含めた生物進化学や生物系統学の動向と無関心でいられたとは考えにくい。とすると、その知的遺産が継承されたことが現在の考古系統学の展開につながっていると見ていいのかという疑問である。

3　日本の考古学における「理論軽視」と「個物重視」の問題――まだ見ぬミライに向けて

この最後の論点について問い質す相手は、ひょっとしたら今回の登壇者である阿子島でも溝口でもなく、かと言って仕掛け人の中尾でもなく、むしろ以下の文章を読んだ〝日本の考古学者たち〟なのかもしれない。日本を含む東アジア圏の伝統的な分類学だった「本草学」には、総合的な体系化に関する一般理論の構築を脇に押しやって、もっぱら個々の事物の蒐集と記載を重視する文化的伝統があったことはすでに繰り返し指摘されている（山田 1995; 西村 1995, 1999）。たとえば、西村三郎は、東洋の本草学と西洋の博物学とを比較して次のように述べている。

「東アジアの伝統的な本草学・博物学［……］に顕著なのは、個々の自然物を薬効・その他の点で有用な部分に焦点を合わせながら記述していくという姿勢である。［……］そこでは、自然物全体よりも個物が、さらに、個物の有用な「部分」が個物の「全体」に優先さえする。そして、この姿勢が貫かれた場合には、全体としての自然物の配置＝体系づけについての目配りが希薄になるばかりか、時として、同じあるいは同類の自然物がまったく別個の部類に配属されて扱われ、記述されるという、奇怪な事態もしばしば起こる」（西村 1995, p. 96）

個々の事物の蒐集と記載の段階に続いて、それらの総体を何らかの原理のもとに分類体系化しようとする気運の醸成には、西洋の博物学の伝統においては一七世紀以降に起こったとされている（Ogilvie 2006）。ところが、東アジア文化圏の本草学においては「理論軽視」と「個物重視」の伝統が根強かったため、この「記載の世紀」から「分類の世紀」への移行が進まず、その結果、西洋と東洋の間に越えがたい大きな隔たりをもたらしたと西村は指摘する。

「そもそも本草学とは、薬効のある自然物をしからざる類似物からはっきりと、しかも簡便に見分けることを主目的としたひとつの技術体系である。必ずしも物自体の本性を究めようとするものではない。物がどの部類に配属されようとそれはいわば第二義的な問題でしかない。[……]これに対して、いち早く本草学の段階から抜け出た西欧の博物学はどうであったか？　単に自然物を正確に見分けるだけでなく、物それ自体の本性を問い、人間中心の立場をはなれて、自然全体の秩序のなかにおけるその位置を明らかにする――これを目標とするものであった」(西村 1995, p. 97)

一方では「個々の事物に対する強い関心・好奇心とはうらはらに、事物全体を見通してそれを総括し、ある理論なり体系なりをみずから構築しようとする意識の低さないし欠如」(西村 1999, 下巻 p. 457)が日本の伝統的な生物分類学の大きな特徴だったわけだが、他方では事物の体系化の原理が東アジア文化圏にまったくなかったわけではない。むしろ、日本の本草学にも大きな影響を及ぼした中国の易経に由来する「陰陽思想」は超越的な自然観を全面に押し出している(山田 1995)。しかし、そのような超越的思弁は自然界の事物と現象を「説明したような気分、理解したような気分」(西村 1999, 下巻 p. 602)をもたらした点で有害だった。

日本の本草学に見られる上述の個物重視の文化はけっして過去のものではない。生物体系学における科学哲学・科学方法論の世界的な動きが、日本の体系学者コミュニティによってどのように受容されたかをかつて調べたことがある（三中・鈴木 2002）。その結果は次のように要約できる。

「ポパー哲学を含めた科学哲学そして生物学史に対する総体的無関心は、対象生物群を問わず、日本の近年の体系学界全体にわたって見られる顕著な傾向である。ごく少数者を除き、体系学の方法論ならびにその背後にある科学哲学的な理論的基盤に関心を示す体系学者は日本にはほとんどいなかった（残念ながら現在でもそうである）。［……］これは、個々の生物そのものの記載分類には情熱を燃やすが、学理的な議論は最初から忌避してしまうという日本の体系学者に広く見られる慣習的な気質を、少なくとも部分的には反映しているとわれわれは考える」（三中・鈴木 2002, p. 100）

つまり、「理論軽視」と「個物重視」の知的慣習は今なおわれわれが直面している問題状況であることを認識しなければならない。この知的伝統は生物体系学だけにはかぎらない。日本の地質学界において一九七〇年代までプレート・テクトニクス理論が受容されなかった歴史的背景をたどった泊次郎は、『プレートテクトニクスの拒絶と受容：戦後日本の地球科学史』（泊 2008）最終章の冒頭節「日本の地質学界ではなぜプレートテクトニクスの受容が遅れたのか」において次のように総括している。

「第一にあげなければならないのは、日本の地質学が地域主義的・記載主義的・地史中心主義的な性格がきわめて強いものとして成長し、日本の地質学の課題は日本列島の地質発達史の解明にある、と多くの地質学者が考えていた点である。言い換えれば、地震や火山などのグローバルな地質現象に感心を示す地質研究者が少なかったことである」（泊 2008, p. 229）

以上、日本の分類学と地質学における根深くしかも根強い知的伝統の存在を指摘したうえで、私は問いかけたい。「日本の考古学はどうなんですか?」と。この点を直視したとき、日本の考古学はどんなミライに出会うのだろうか。

文献リスト

安達香織．2016.『縄紋土器の系統学：型式編年研究の方法論的検討と実践』東京：慶應義塾大学出版会

Collins, R. 1998. *The sociology of philosophies: A global theory of intellectual change*. Cambridge, MA: Harvard University Press.

Dunnell, R. C. 1971 [2002]. *Systematics in prehistory*. Caldwell: The Blackburn Press.

Fraix-Burnet, D., D'Onofrio, M., & Marziani, P. 2017. Phylogenetic analyses of quasars and galaxies. *Frontiers in Astronomy and Space Sciences*, 10 October 2017. URL: https://doi.org/10.3389/fspas.2017.00020 Accessed on 27 January 2018.

Hirayama, K. 1918. Groups of asteroids probably of common origin. *Astronomical Journal*, 31: 185–188.

Hull, D. L. 1988. *Science as a process: An evolutionary account of the social and conceptual development of science*. Chicago, IL: The University of Chicago Press.

Kluge, A. G. 1997. Testability and the refutation and corroboration of cladistic hypotheses. *Cladistics*, 13: 81–96.

Laudan, R. 1992. What's so special about the past? In: M. H. Nitecki and D. V. Nitecki (eds.) *History and evolution* (pp. 55–67). Albany, NY: State University of New York Press.

Lipo, C. L., O'Brien, M. J., Collard, M., & Shennan, S. J. Eds. 2005. *Mapping our ancestors: Phylogenetic approaches in anthropology and prehistory*. New Brunswick, NJ: Transaction Publishers.

Mace, R., Halden, C. J., & Shennan, S. J. Eds. 2005. *The evolution of cultural diversity: A phylogenetic approach*. London: UCL Press.

Milani, A. & Farinella, P. 1994. The age of the Veritas asteroid family deduced by chaotic chronology. *Nature*, 70: 40-42.

三中信宏 2012a.「文化系統学と系統樹思考：存在から生成を導くために」中尾央・三中信宏（編著）『文化系統学への招待：文化の進化パターンを探る』pp. 171-199, 東京：勁草書房

三中信宏 2012b.「おわりに：系統樹思考の裾野の広がり」中尾央・三中信宏（編著）『文化系統学への招待：文化の進化パターンを探る』pp. 201-211, 東京：勁草書房

Minaka, N. 2016. Chain, tree, and network: The development of phylogenetic systematics in the context of genealogical visualization and information graphics. In D. M. Williams, M. Schmitt, & Q. D. Wheeler (eds.) *The future of phylogenetic systematics-The legacy of Willi Hennig* (pp. 410-430), Cambridge: Cambridge University Press.

三中信宏 2017a.『思考の体系学：分類と系統から見たダイアグラム論』東京：春秋社

三中信宏 2017b.「考古学は進化学から何を学んだか」中尾央・松木武彦・三中信宏（編著）『文化進化の考古学』pp. 125-165, 東京：勁草書房

三中信宏 2018.『系統体系学の世界：生物学の哲学とたどってきた道』東京：勁草書房

Minaka, N. 2018. Tree and network in systematics, philology, and linguistics: Structural model selection in phylogeny reconstruction. In R. Kikusawa & L. A. Reid (eds.) *Let's talk about trees: Tackling problems in representing phylogenic relationships among languages*. Senri Ethnological Studies. National Museum of Ethnology, Ōsaka.

三中信宏・鈴木邦雄 2002.「生物体系学におけるポパー哲学の比較受容」日本ポパー哲学研究会（編）『批判的合理主義・第2巻：応用的諸問題』pp.71-124, 東京：未來社

溝口孝司 2016. Togetter- 阿子島・溝口・中尾考古学対談『ムカシのミライ：プロセス考古学×ポストプロセス考古学』URL: https://togetter.com/li/984409. Accessed on 26 January 2018.

西村三郎 1995.「東アジア本草学における「植虫類」：西欧博物学との比較の一資料として」山田慶兒（編）『東アジアの本草と博物学の世界（上）』pp. 72-101, 京都：思文閣出版

西村三郎 1999.『文明の中の博物学：西欧と日本（上・下）』東京：紀伊國屋書店

O'Brien, M. J. & Lyman, R. L. 2003a. *Cladistics and archaeology*. Salt Lake City, UT: The University of Utah Press.

O'Brien, M. J. & Lyman, R. L. 2003b. *Style, function, transmission: Evolutionary archaeological perspectives*. Salt Lake City, UT: The University of Utah Press.

O'Brien, Michael J., Lyman, R. L., & Schiffer, M. B. 2005. *Archaeology as a process: Processualism and its progeny*. Salt Lake City, UT: The University of Utah Press.

Ogilvie, B. W. 2006. *The science of describing : Natural history in renaissance Europe*. Chicago, IL: The University of Chicago Press.

Popper, K. R. 1980. Evolution. *New Scientist*, 87: 611.

Rieppel, O. 2003. Popper and systematics. *Systematic Biology*, 52(2): 259–271.

Rudwick, M. J. S. 1985. *The great Devonian controversy: The shaping of scientific knowledge among gentlemanly specialists*. Chicago, IL: The University of Chicago Press.

Sober, E. 1988. *Reconstructing the past: Parsimony, evolution, and inference*. Cambridge, MA: The MIT Press. 三中信宏訳『過去を復元する：最節約原理・進化・推論』東京：勁草書房，2010

Straffon, L. M. Ed. 2016. *Cultural phylogenetics: Concepts and applications in archaeology*. Switzerland: Springer International Publishing.

泊次郎 2008.『プレートテクトニクスの拒絶と受容：戦後日本の地球科学史』東京：東京大学出版会

Tucker, A. 2004. *Our knowledge of the past : A philosophy of historiography*. Cambridge: Cambridge University Press.

山田慶兒 1995.「本草における分類の思想」山田慶兒（編）『東アジアの本草と博物学の世界（上）』pp. 1–42, 京都：思文閣出版

第5章　埋蔵文化財にかかわる日々の業務の中で

菅野智則

1　はじめに

今回のような対談企画の司会は、私では明らかな力不足であった。そのため当日は溝口孝司先生にリードしていただき、司会としてはその責務を放棄しつつも、素朴な質問をすることができ、個人的には大変勉強になった。まずは、このような会に参加させていただいた関係者の皆様に感謝申し上げたい。

私は大学に所属しているとはいえ、その業務内容は「施設整備が円滑に行われるために、構内の埋蔵文化財に関する調査を行い、併せて資料の保管及びその活用を図ることを目的とする」（東北大学埋蔵文化財調査室規定より）とされる。したがって、その業務は地方自治体と同じ文化財行政の一部を担うものとなる。そのため、大学の研究者でもあり、大学の埋蔵文化財の担当者でもあるという二者の立場を有している。そのような立場に着目した企画側から、司会およびコメントを依頼されていた。

そこで、ここでは、プロセス考古学やポストプロセス考古学の内容に関する論評ではなく、私自身の立場、特に業務と関連させた考古学における理論的研究の位置付けに関する雑感について短くまとめたいと思う。そのような内容であるので、論文調の書き方ではないことをお許しいただきたい。

2　日々の業務の中で

私が所属する埋蔵文化財調査室の日々の「業務」は、授業や実習への協力とともに、大学構内の開発に関する調整や発掘調査、出土遺物の資料整理、報告書の刊行等が主要な業務となっている。二〇一一年の東日本大震災以後は、特に構内の発掘調査とその整理作業が多くなった。

現在は、大量に溜まった発掘調査資料の整理作業が中心ではあるが、年間を通じて学内関連部局・開発業者との工事に関する調整や立会調査、年度後半には来年度計画策定のための予算に関する折衝を頻繁に行っている。また、昨年度・今年度では、規模の大きな台風による集中豪雨により引き起こされた土砂崩れ等に関する被害復旧や、その対策に重点が置かれた工事計画が多く、それにともない関連した調整や立会調査が特に多い。

また、近年、大学からの社会貢献活動が特に重視されていることから、当室でもこれまでの調査成果を社会へ発信するための展示・広報活動を強く推進している。一方で、学内の埋蔵文化財を適切に保全していくために、学内関連部局を対象とした埋蔵文化財の取扱いに関する学内セミナーも実施している。

こうした「業務」の中では、考古学を基礎とする発掘調査・整理作業の技術を基本としながらも、さまざまな計画の立案と実施、関係各所と調整する能力が問われる。この後者の考古学以外の技術に関しては、大学における授業の一環として、資料のまとめ方やプレゼンテーション技術等も学ぶこともあろうが、基本的には経験に基づくものが大きいと考えている。このような現状からすると、将来的に地方自治体の行政機関等に就職を希望する学生は、大学では考古学の基礎技術を学び、就職してからさまざまな技術を実地にて経験的に学ぶことになる。

一方で、今回の対談のような考古学における理論的研究は、上記の業務の中では必要とされない印象を受ける。現実的に眼前の「業務」をこなすことに着目するならば、重視される考古学研究は、発掘調査技術や土器型式等に関する研究であり、発掘調査の実施や報告書の執筆にあたって必要不可欠な知識であると言える。そして、規模の小さい自治体では、ごく少数の人数で旧石器時代から近世あるいは近代までの発掘調査を実施し、各時期・各種類の遺物を整理する必要もあり、「業務」に役立つ研究を重視することはやむをえない面がある。さらに、他にも建築や民俗などの一般文化財に関する保全活動もあり、地域の運動会や選挙等には運営側として勤務するという話もよく聞く。こうした「業務」状況で、はたして考古学における理論的研究の価値はないと言えるのであろうか。

3　理論基盤の重要性

「業務」に役立つ考古学的研究の背景には、理論基盤が必ず存在している。たとえば、縄文土器型式の研究にしても、その背景には進化論等の理論が存在している（「土器の研究が形態学 Morphology に比すべき部分を持っている。いわゆる型式学 Typology は最もよく比較解剖学に比較し得るだろう」：山内 1964, p. 157）。そのような理論基盤の存在を自覚し、それを理解することなしに個別的な研究を進めるのであれば、「業務」で行う考古学的営みとは、ルーチン化した「型式の鑑定」に留まるだろう。

もちろん、その行為が無意味というわけではなく、発掘調査された資料が、現代の考古学知識により正当に位置付けられて報告されることは非常に重要である。しかし、考古学という学問的営みの発展性という面からすると、「資料が増加した」という以外には、大きなインパクトがあるものではない。まれに、「新発見」や「日本最古の」といった見出しがついた報告がなされ、インパクトがあるように見られる場合もあるが、基本的には「資料が増加した」ということの延長線上に必然的にともなうだけで、学問自体が発展したというものではない。開発行為にともなう発掘調査が存在する限り、おそらく今後も「新発見」は続くと想像できる。

近年、文化庁文化財部記念物課監修の『発掘調査のてびき』が刊行され、現在における埋蔵文化財行政上の発掘調査等の一定の水準が提示された(文化庁文化財部記念物課監修 2010, 2013)。機関によっては現実的な人員・予算等の面から実現不可能な面もあるが、このような発掘調査の水準を目標とするあるいは維持することにより、日々の業務における発掘調査時のデータを最大限かつ確実に得ることができるものと考えられる。

しかし、この示された水準は、現代のわれわれが考えうる発掘調査のあり方であり、過去の人々のすべての行動とそれに関連するすべてのデータが漏れなく確実に採取できているという保証はない。どの点が不十分かということが判明しているのであれば、将来的に新機器の登場等の技術力の向上とともに、さまざまなデータがより多様に採取できる確実性は高まっていくと想定される。一方で、発掘調査は「一度しかない実験の場」(藤本 2000, p. 3)という事実を踏まえると、現在のわれわれが認識できないような何らかのデータは、発掘調査の終了とともに永久に失われてしまう。そして、そうした調査者の認識は、その当時の理論基盤のあり方によって変わる。

たとえば、福井県鳥浜貝塚や宮城県里浜貝塚等では、縄文時代の貝塚・低湿地調査における悉皆調査・水洗篩の導入により、これまで人の目から漏れていた微小な人工遺物・動植物遺存体等が多種多様に回収されるようになった（會田 2007; 田中 2016 等）。そのような資料の積み重ねもあり、想像以上に豊かな狩猟採集生活を営んでいた当時の生業形態が明らかとなり、研究者のみならず一般的な縄文時代観にも大きな影響を与えた。

これらの研究の中では、鳥浜貝塚の調査成果等をもとに縄文時代の生業形態について研究した西田正規の指摘が重要である（西田 1980）。その論考では、それまでの考古学では縄文時代の生業活動に関する研究が個別的であり、環境を含めて全体を復元する視点に欠けているという趣旨の指摘があった。この論文へのコメントでは、「縄文時代の生業の解明は考古学者ばかりにまかせておいたのでは、とうてい不可能」（佐々木 1980, p. 44）とまでも言われてしまっている。こうした背景には環境学・生態学的な理論基盤があり、欧米では環境考古学としてすでに実践されていた（松井 2001）。これらをふまえると、低湿地遺跡・貝塚調査での生業形態に関する成果は、単に発掘調査における新技術の導入というだけではなく、そのような発掘調査技術を必要としていた理論基盤の存在こそ注目すべきであろう。

近年、『発掘調査の手引』として、通常の「業務」として行う発掘調査の水準が提起されてはいるが、何を目的としてそのデータを採取する必要があるのか、背景となる理論基盤への理解を通じ、調査を担当する個々人がそれぞれ考えることが、考古学の発展にとってひときわ重要であると考えている。

4　考古学情報発信の理論的検討へ

その他の「業務」としては、現地説明会あるいは展示会等で出土遺物の解説をすることが多々ある。その際に、一般の方々から、「どのような人々が、どのような考えで、どのように使っていたのか」という質問を受ける。従来の考古学の場合、個々の遺物の状態、型式、製作技術の詳しい説明はできるが、それら以外の質問はなかなか答えにくい。

「どのように使っていたのか」という問いに関しては、瓦等の現代とほぼ同じ用途のものであれば、ある程度は答えることができるかもしれない。しかし、それ以外の遺物になると、担当者の個人的な経験的類推や希望的想像に基づく解説をしてしまうのではないだろうか。これでは学問的な営みとは言えない。遺物の場合、使用痕跡の存在をふまえた実験研究等のミドルレンジ研究がある（阿子島 1999 等）。そのような方法を通じて、解説内容の確度を上げていく必要があるだろう。

そして、「どのような人々が、どのような考えで」の部分は、従来の考古学的な立場からは答えることが極めて難しい。おそらくは、思想面を含む人間の全体像を復元するような研究は、関連するさまざまな関連諸学を含めた研究を通じて明らかにされていくものだと理解している。このような場合、考古学における「事実（モノ）」と「理論（コト）」の循環構造（安斎 2006 等）を踏まえ、関連諸学と互換性のある一般理論について研究を進め、過去の人間のあり方に関して多方面から検討しなければならない。このとき、考古学は、過去の人間のある一面（特に物質文化）を明らかにする一手段だと言える。

また、このような考古学情報発信のあり方について、近年は「パブリックアーケオロジー」（松田・岡村 2012）という視点から検討されはじめた。日々の業務の中で実践している広報・活用に関する個々の試みにどのような社会的意義があり、またどうあるべきなのか。このような現代的な課題に関しても理論的検討が必要となっている。

5　おわりに

今回、日々の「業務」を通じて、考古学における理論的研究に関する雑感を述べさせていただいた。これまでまとめてきたように、埋蔵文化財を取り扱う日々の「業務」における実務的な行為の背景には、考古学あるいはそれに関連する理論的研究が非常に重要な位置を占めており、「業務」と理論的研究がまったくの無関係であるとは言えない。通常は、眼前の「業務」をこなすことで手一杯になり、考古学研究に専念できないことが多々あるかもしれない。それでも、実務的な行為の背景にそのような理論的研究が存在していることは自覚的であるべきだと考えている。

参考文献

阿子島香．1999.「ミドルレンジセオリー」『現代考古学の方法と理論Ⅰ』pp.179–186, 東京：同成社
安斎正人．2006.「理論考古学」『現代考古学事典』pp. 434–439, 東京：同成社
會田容弘．2007.『松島湾の縄文カレンダー』東京：新泉社
赤澤威・諸石和生．1980.「コメント2」『季刊人類学』11(3): 44–56
佐々木高明．1980.「コメント1」『季刊人類学』11(3): 41–44
田中祐二．2016.『縄文のタイムカプセル　鳥浜貝塚』東京：新泉社
西田正規．1980.「縄文時代の食料資源と生業活動」『季刊人類学』11(3): 3–41
藤本強．2000.『考古学の方法』東京：東京大学出版会
文化庁文化財部記念物課監修．2010.『発掘調査のてびき—集落遺跡発掘編—』東京：同成社
文化庁文化財部記念物課監修．2013.『発掘調査のてびき—各種遺跡調査編—』東京：同成社
松井章．2001.『環境考古学』東京：至文堂
松田陽・岡村勝行．2012.『入門パブリックアーケオロジー』東京：同成社
安田喜憲．1980.『環境考古学事始』東京：日本放送出版協会
山内清男．1964.『縄文式土器』東京：講談社

第6章　プロセス考古学の現在から日本考古学の未来へ

阿子島　香

今回の対談に基づいて、三人の先生方からコメントを、中尾氏からは解説をいただいた。この場を借りて御礼申し上げたい。このリプライでは、先生方のコメントや質問に個別に返答するのではなく、全体をまとめて、私なりの補足というかたちで答えたい。

1　文化進化論的アプローチの重要性

プロセス考古学の立場から再確認したいのは、歴史の発展を考えるうえでの、進化論の方法論的重要性である。進化論といえば、一九世紀後半、ダーウィン以来の古典的な生物進化論が脳裏に浮かぶだろう。考古学における進化論でも、適応（adaptation）という意味では、生物進化論と同様の原理に支配されている。すなわち、変化したもの、しないものが、長い時間の経過の中で選択されていくプロセスである。この原則は、考古学的な文化・歴史についても当てはまる。実際、考古学にとって、適応は中心的な概念として位置付けられる。歴史を見るときの客観性、あるいはそのような客観的な実在が存在するかどうかが、対談でも大きな論点の一つだった。対談では（ポストプロセス考古学的な考え方に強いことだが）研究者側の視座の違いが、解釈や科学としての結論に影響するということが強調されていた。これ自体は、プロセス考古学でも十分認識・理解されている。しかし、ポストプロセス考古学的な視座の違いといったときに、具体的な事例をとりあげ、認識の立場によって、どのように復元された歴史像が違ってくるのかを具体的に論じなければ、認識か実在かという水掛け論におちいる危険があると思われる。つまり、（特にビンフォード的な）プロセス考古学の立場からは、見る側の視座によって変わらないものが、われわれの考えとは別にあると考える。その実在の外にある事実に、われわれの認識から近づいていくための実証的な方法論の洗練が、重要な課題なのである。

しかし、日本でもそうだが、文化的に進化を考察するというアプローチが、これまで十分に重視されてこなかったように思われる。たとえば、私の敬愛する穴沢咊光氏が、プロセス考古学を批判する中で生業（subsistence）のような用語に批判を投げかけたことがある（穴沢 1985）。この批判の骨子は、プロセス考古学は人間を、ただ生存を目的とした食うや食わずの存在として矮小化しているというものである。

ここで改めて強調したいのは、文化的な次元の存在である。文化という、生物とは別の次元のもの、生物に還元できないものを、重要な理論的支柱にしなければならない。この点は、ビンフォード、あるいはその師であった新進化主義の中興の祖であるホワイトも繰り返し強調している。ビンフォードも、生物とは別次元の文化が、人類学的な考古学にとって不可欠であり、その面を十分に取り入れない理論は、生物と文化的な歴史を、誤って同一視する危険性があると述べている。要するに、生物進化論と社会・文化進化論は、適応や淘汰といったプロセスについては類似しているものの、その対象が異なる。先述した穴沢氏の批判は、ビンフォードたちが重視していた生物とは別次元の文化という視点を十分に評価できていないのである。

2　適応プロセス統合の試み

一つ例を挙げてみよう。もともと生態学の中で発展してきた最適採餌理論（optimal foraging theory）を考古学に応用する試みは、古くは一九七〇年代、マイケル・ジョーチム博士以来、多くの研究者が取り組んできた（たとえば Jochim 1988）。この理論が、生態人類学の分野において複雑な数式化も行われ、世界的に発展している現状はよく知られている。しかし、その研究の中に、文化的現象に特有な、さまざまな文化システムの組み上げられ方、ビンフォードの言葉でいうなら、組織論（organization theory）が十分反映させられているかは疑わしい。ビンフォードによる組織論は、たとえば一九八八年に、ニューメキシコ大学における、ビンフォード着任二〇周年記念の人類学研究科の大きなシンポジウムでも表題になった（次頁参照）。

プロセス考古学を代表するビンフォードが、二〇年の教育研究の中で、組織論を重視していたことは重要である。なお私は、一九八九年に石器の使用痕分析をまとめた著書の中で、技術組織論という石器の技術体系全体について考察するための理論的枠組みを提示した（阿子島 1989, 1998）。幸い、この技術組織のモデルは、日本の先史考古学に広く受け入れられた。組織論ということの重要性について考えたうえで、このような文化的・社会的な組織それ全体と、それをとりまく環境との間の適応過程が、進化論的な理論として考察対象となるべきなのである。特に注意すべきなのは、技術組織論などの組織論が、平衡状態をモデルとしていない点である。すなわち、ホメオスタシスやネガティブフィードバックによ

KAORU

The Organization of Land and Space Use,
Technology, and Activities
in Past and Present Societies

A Symposium in Honor of
Lewis R. Binford

November 3-5, 1989

presented by

Anthropology Graduate Students
University of New Mexico

sponsored by

Anthropology Graduate Students
Department of Anthropology
Office of Contract Archeology
Maxwell Museum of Anthropology
Maxwell Museum Association

with additional funding from

UNM Graduate Students Association
New Mexico Endowment for the Humanities
UNM College of Arts & Sciences
Academic Press, Inc.

and assistance from

UNM Foundation
UNM Alumni Relations

Project Coordinators

Ronald R. Kneebone
Mary June-el Piper

ビンフォード20周年記念のパンフレット

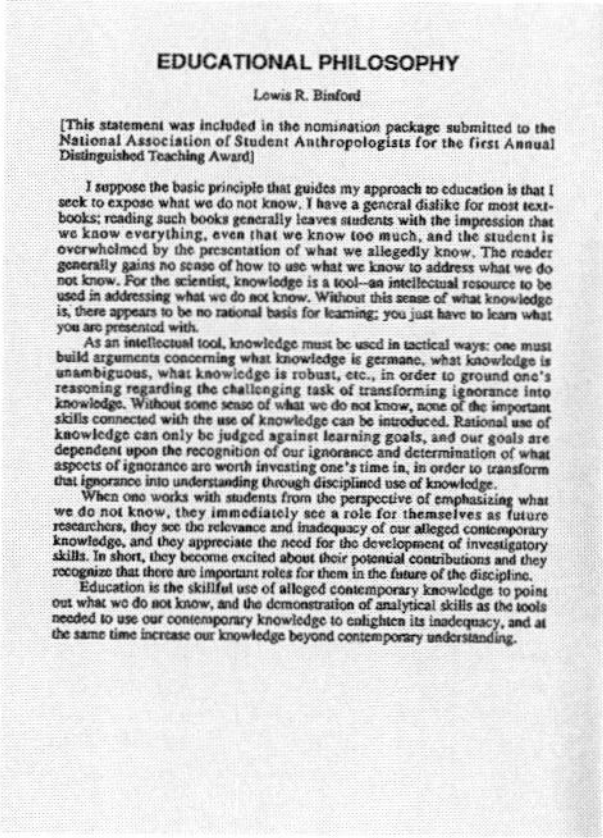

EDUCATIONAL PHILOSOPHY

Lewis R. Binford

[This statement was included in the nomination package submitted to the National Association of Student Anthropologists for the first Annual Distinguished Teaching Award]

I suppose the basic principle that guides my approach to education is that I seek to expose what we do not know. I have a general dislike for most textbooks; reading such books generally leaves students with the impression that we know everything, even that we know too much, and the student is overwhelmed by the presentation of what we allegedly know. The reader generally gains no sense of how to use what we know to address what we do not know. For the scientist, knowledge is a tool--an intellectual resource to be used in addressing what we do not know. Without this sense of what knowledge is, there appears to be no rational basis for learning; you just have to learn what you are presented with.

As an intellectual tool, knowledge must be used in tactical ways: one must build arguments concerning what knowledge is germane, what knowledge is unambiguous, what knowledge is robust, etc., in order to ground one's reasoning regarding the challenging task of transforming ignorance into knowledge. Without some sense of what we do not know, none of the important skills connected with the use of knowledge can be introduced. Rational use of knowledge can only be judged against learning goals, and our goals are dependent upon the recognition of our ignorance and determination of what aspects of ignorance are worth investing one's time in, in order to transform that ignorance into understanding through disciplined use of knowledge.

When one works with students from the perspective of emphasizing what we do not know, they immediately see a role for themselves as future researchers, they see the relevance and inadequacy of our alleged contemporary knowledge, and they appreciate the need for the development of investigatory skills. In short, they become excited about their potential contributions and they recognize that there are important roles for them in the future of the discipline.

Education is the skillful use of alleged contemporary knowledge to point out what we do not know, and the demonstration of analytical skills as the tools needed to use our contemporary knowledge to enlighten its inadequacy, and at the same time increase our knowledge beyond contemporary understanding.

教育哲学

ビンフォード先生は、ニューメキシコ大学（University of New Mexico: UNM）を愛していた。20周年記念の講演は、「わたしの教育哲学」という演題で、私もこのような大学院教育をやりたいと思ったものだった。ビンフォード先生がサザンメソジスト大学に引き抜かれた後、UNMに最後まで残ったのがローレンス・ストラウス先生だった。彼はもともとシカゴ学派であった。シカゴ大学の考古学は、カール・ブッツァー、レスリー・フリーマンらをはじめとして、文化生態学である。この文脈から、ヨーロッパのマドレーヌ文化、ソリュートレ文化などの後期旧石器時代のフィールドワーカーとして、ストラウスが20代でビンフォードのもとで職を得た。それ以来、2016年までUNMの中心となって活躍した。

ジェレミー・サブロフ先生がピッツバーグ大学に移り、UNMを離れたので、ビンフォード先生がショックを受けた。しかし、その後も、学説的には継続しており、プロセス考古学の牙城の一つとしてのUNMには、ポストプロセス考古学は遠い存在であった。

ポストプロセス考古学のリーダーがアメリカに移ったときに、ヨーロッパを離れて大丈夫なのかと懸念を抱いた。特殊アメリカ的なプロセス考古学なので孤立するのではないかと考えたのである。しかし、それは杞憂だということが、後に判明した。

って、同じ状態を保つ力が大きいという見方を前提としていない。逆に、組織論は、環境への適応プロセスのなかで、文化システム全体がどのようにして変化・変動に向かうのかを考察するための作業的方法と捉えるべきなのである。ジュリアン・スチュワードは、『文化変化の理論（*Theory of culture change*）』を文化生態学の基礎的な著作として提示し、大きな影響をあたえた。この表題が文化変化の理論であって、文化平衡維持の理論、不変停滞の理論ではないのは象徴的だろう。

進化論の考察に戻るなら、適応のプロセスを総合して（歴史学としての考古学という立場でも成り立つことだが）歴史の発展の新しい理論を作っていくことはできないだろうか、と問題提起をしたいのである。それは、従来の古典的な生産関係、生産手段、生産様式などからなる発展段階理論に加え、文化的次元における組織ということを前提にした適応プロセスを考慮した、新たな発展段階理論である。対談の中でも触れたが、アメリカの学界ではヨーロッパに比べ、（社会学との関連が深いとはいえ）社会関係に関しての考察がそれほど強くないようにも思われる。文化的・社会的な組織、それを含めた文化システム全体の環境への適応過程を考えたときに、文化システムの中の本質的な構成要素である社会関係を、単に個体間が取り結ぶ関係と考えたのでは不十分だろう。イギリスの社会人類学で前提とされていたように、社会関係はそれ自体で実体である。そして実際に、親族構造などの構成体が取り結ぶ関係が実際にどのようなものであるかを深く考察したうえで、文化のシステム論を新たに組み直していくべきなのである。

しかし、言うは易く行うは極めて難しで、生物進化論の研究者、文化進化論の民族学者、そして、実際の資料を対象としている考古学者が、学際的な研究を進めていかなければ、このような命題は、前進しないのではないかと、あらためて考えるのである。

3　アメリカにおける行政的調査の実際

次に、実際の行政的な調査を含めた日々の考古学の業務と、今日対談で論じられているような、非常に抽象化された理論的議論との関連の問題について、少し考えてみよう。日本については菅野氏のコメントが詳しく論じているため、ここではアメリカの、日本での行政的調査にあたるＣＲＭ（cultural resource management）について少し補足する。すなわち、アメリカでプロセス考古学を実践する考古学者たちの多くが、どのように研究しているか、その実態である。

アメリカにおいては、遺跡の現状変更とその評価に従事する民間の機関が多数存在し、それらをＣＲＭとして位置付けている。日本での「記録保存」に対応する言葉が、「ミティゲーション（mitigation：軽減、失われるものを弱めること）」であり、日本の行政調査に相当する。監督官庁・土地管理官庁は別に存在しており、管轄は縦割りである。たとえば、国立公園局（National Park Service）、連邦土地管理局（Bureau of Land Management）、連邦インディアン局（Bureau of Indian Affairs）などがあり、それぞれに監督官庁の部局と、その下で実務にあたる民間機関がある。また、各州レベルでは、各州歴史保護局（State Historic Preservation Office：ＳＨＰＯ）が存在する。なお、すべての私有地で行政指導が行われる日本とは異なり、事前調査は民間による私有地に及ばないのが、歴史的な原則であった。

アメリカのＳＡＡ（Society for American Archaeology：アメリカ考古学会）の構成員の多数はＣＲＭで、ＣＲＭのほとんどはプロセス考古学者である。また、ＳＡＡでは多くのＣＲＭがブースをつらね、大規模なリクルート活動が行われている（CRM Expo）。

ＣＲＭの構成員には、中流アメリカ人と一般に言われるような、伝統的な中核的アメリカ人（いわゆる"Core Americans"）の価値観が影響している。人類学を学んだ研究者として、先住民の遺跡を、比較対象となる多くの文化の資料の一事例として捉え、自分たちの土地の祖先の遺産とは認識しないという考え方である。私自身が五年以上アメリカの大学に留学して感じたのが、この考え方が学部・大学院教育、専門教育を通じて、非常に強く発達しているのではないか、ということである。実際、大学院において、ネイティブアメリカンの大学院生は非常にまれで、「アフリカ系アメリカ人」（アフロ・アメリカン）、ヒスパニックの大学院生もどちらかといえば少数派である。そのような価値観にプラスして、生態学のパラダイムがある。このような、百年以上に渡って醸成されたアメリカ考古学の全体的な価値観が、やはりアメリカ考古学の中心に存在し、ＣＲＭを支えているように思われる。

しかし、一九八〇年代以降に再埋葬問題（reburial issue）が大きな社会問題となり、多くの州で法制化された。加えて、ネイティブアメリカンの遺跡・遺構・遺物全体が返還（repatriation）の対象となりうるという考え方が、常識として現代アメリカ社会に定着しつつある。一つ事例を紹介すれば、二〇一八年のＳＡＡ分科会において、スミソニアン研究機構の博物館の研究者たちを中心として、国立アメリカインディアン博物館法（ＮＭＡＩ）での返還の現状と展望に関するシンポジウムが企画された。シンポジウムにはネイティブアメリカンの研究者代表の方も出席しており、私もそのすべてを聴講して感動を覚えた。そこでは、長いあいだ自然人類学の資料でありつづけた人骨や遺物を返却しなければならないという、ネガティブな研究者的発想を超え、現在の先住民社会の中で遺跡や出土品を位置付け、新たな関係を取り結ぼうという機運になっていた。先住民の部族の代表や研究者も交え、今後の先住民の将来を考えていくときに、これまで蓄積された考古学や人類学の成果を組み込んで将来へ活かしていこうという議論が、真剣になされていた。なかには、北西海岸インディアン（複雑な社会の段階にいたった、トーテムポールをたてる狩猟採集漁労民。しばしば日本の縄文文化を考える参考として取り上げられる）の文化と、現在の芸術家の活動とを結びつけていこうという動きもあった。

4　公共考古学への取り組み

プロセス考古学は、いわば支配者たちの考古学として捉えられてきた。しかし現在は異なり、社会の中で、過去から受け継がれた文化遺産を、さまざまな現状認識を取り入れながら考えていこうという、ポストプロセス考古学にも見られるような、調査資料の蓄積の活かし方があるということを指摘したい。つまり、現代のプロセス考古学は、祖先に対して外からみた冷たい比較研究という、単純な図式では捉えられなくなっているのである。

日本の歴史学としての考古学においても、考古学者の多数が持っているであろう資料の社会的な位置付けに対するこうした考えは、考察から除外されるべきではない。その一つの例として、近年、イギリスを中心に非常に広がっている公共考古学、パブリック・アーケオロジー（public archaeology）がある。すなわち、考古学の成果や遺産を、現代社会での教育や生涯学習、あるいは、社会的な遺跡や景観の保全と組み合わせながら考えていく取り組みである。ポストプロセス考古学に近い取り組みではあるが、公共考古学とのつながりも、アメリカ・日本の事例、あわせて考察対象にいれるべきだろう。

5　法則定立へむけて

では、法則定立（nomothetic）について考えてみよう。これはニュー・アーケオロジーの目標の一つだが、資料パターンの読み取り方という課題があり、仮説検証がなかなか先にすすめなかった。そして、ビンフォードが、ミドルレンジ・セオリーを解決の一つの手段としたという経緯がある。このことについて、少し補足しよう。

まず、客観的な資料を確保して、それらの事例を相互に比較していくことが必要不可欠である。しかし、グローバルな考古学理論の中で、現在の国境という存在と、客観的な資料の境目とは独立の事象である。一方で、考古学には、現代の国境の中で培われてきた、それぞれの国の研究伝統がある。その中でいままで蓄積されてきた資料を、客観的なものと位置付けて、相互に比較していくことが必要なのである。

そのような文化ごとの比較によってはじめて、法則定立をめざす文化間の比較が可能になる。したがって、プロセス考古学の目標を実現していくためには、まず、それぞれの国の考古学の実際の研究内容を、しっかりとふまえなければならない。そのうえで、「客観的な資料」を本来の文化の領域の枠、つまり、現在の国境とは違う枠にもどして、資料を相互比較しなければならないのである。さまざまな国が、それぞれの伝統に基づいた独自の考古学を進めている中で、実際にどうやってそのような比較をやっていけばよいのかを、次に考えてみよう。

各国の考古学の伝統がもっている文化についての考え方、あるいは文化パラダイムが、考古学研究の前提になっている。すなわち、その国の哲学や思想的な考え方が、実際の研究や調査の内容にかかわるということを認識しておかねばならない。例を挙げると、日本考古学においては、範型論的な文化の捉え方が暗黙かつ強固な伝統として存在している。これは、縄文土器の型式学、集団の表象論に典型的に見て取れる。旧石器時代でも、たとえば離れた地域で類似する独特のナイフ形石器が出土する状況を、時期的な同一性に帰して考えたりする。

このような操作・作業の中に、範型論的文化パラダイムが隠されているのである。伝統的な文化や歴史の捉え方が、それぞれの国によって微妙に異なるということも、国際交流・国際学術活動を進める中で痛感される。違う伝統に根ざす研究者と共同研究を行う場合、実務的に調査していると思っても、そこで何を目標にして、どんなデータをとるべきかがいつも問題になる。これは、われわれだけでなく、先方も同じようなことを感じているだろう。

アメリカ考古学と日本考古学を例にしてみよう。アメリカ考古学におけるシステム論という考え方と、日本考古学の範型論的な文化の捉え方では、同じ遺跡の同じ出土資料を目の前にしても、頭の中で異なる理解をしている場合がある。われわれは土器の微妙な違いを、何々式の古手のもの、新しいものといって型式の細分に帰着させる。あるいは、宮城県南部であれば、阿武隈川の北と南というように、型式の微妙な地域差に注目する。一方で、同じ土器をアメリカ人の研究者が見た場合、日本考古学の伝統とは違う見方を取るかもしれない。

一九七〇年代、アメリカの若きピーター・ブリードが宮城県の大木式土器諸型式を観察し、論文のための分析をしたときのことだ。その際、大木式土器の各型式の破片について、何々式という枠組みを経由しないで、直接土器片とその属性という分解されたかたちで、全体をシステム論的に考えていた。ここには、アメリカ考古学と日本考古学の文化理解の仕方の相違が端的にあらわれているのである。

6　世界各国の共通事情

同様のことは、日米に限らず、さまざまな国の間で見られる。ここでは、私の専門でもある旧石器時代の研究について、アジアの中でのいくつかの国の伝統の違いについて、この問題を考えてみよう。東アジアには、現在、アジア旧石器協会（Asian Paleolithic Association：ＡＰＡ）という旧石器研究を専門にする研究者たちの国際的な集まりがある。構成国は日本、ロシア、中国、韓国であり、ＡＰＡは各国の旧石器時代を専門とする学会の連合体である。このＡＰＡの設立にはさまざまな紆余曲折があった（日本旧石器学会の首都大学東京（当時）小野昭教授のご尽力が重要だったことを、付け加えておこう）。私はその後ＡＰＡの会長となった小野先生のもとで、ＡＰＡ事務局長を二年間務めたが、このとき、国々の文化の認識、それ以上に社会的な組織の相違が、現実の旧石器時代の遺跡の研究にあたって大きな要因として働いていることを実感したのである。

現在、四つの国に限らず世界各国で、考古学の発掘調査・分析・報告活動は、開発行為にともなう膨大な事前調査が中心になっている。質的にも、そこにおける調査・分析水準が、考古学の水準に大きく影響している。このような事情は日本に限らない。アメリカでは少し民間が強い、あるいは国有地公有地が重視されるというような違いはあっても、実務的に事前調査が考古学調査を左右する。こうした実際の遺跡調査における社会的要因が、理論的・哲学的な発想の相違よりも、各国の考古学そのもののあり方に大きく影響しているという現実を、そのとき強く感じたのである。

7 比較社会的視点の重要性

科学哲学的、あるいは科学社会学的な考察も、現実に「考古学する」社会的なかたちを取り入れたうえで全体を考察せねばならないのは言うまでもない。たとえば、発掘調査の実施の可否、遺跡の保護、調査の実施・中止、遺跡指定、こうした意思決定はどんな社会システムでなされているか。実際に発掘調査が行われる際に、そのグリッドやトレンチの設定の方法、遺物の取り上げ方から始まって、調査団の編成、具体的な発掘調査の実施方法、調査終了後の、資料の整理の方式。資料の分析における重点の置き方。調査報告におけるスタンダードの有無やその設定。これらを比較社会的に、国々について、考察する必要がある。すなわち、考古学の理論が、国々を越えた共通の適用可能な理論・方法のパッケージとして存在するのではない。考古学理論は、それぞれの社会の具体的な現在あるいは歴史的な状況から、けっしてニュートラルではありえないのである。

こうした言説は、相当ポストプロセス的に聞こえるかもしれない。しかし、実際は逆である。プロセス考古学が法則定立を目指すために、地域（現在の国境とは、重なっていても同じではない）間の比較を進めるために、不可欠のステップなのである。プロセス考古学を前進させるためのポストプロセス的な発想の必要性と言えるかもしれない。ＡＰＡの会議で直接の議論に明示的には出てこないまでも、日本、ロシア、中国、韓国のそれぞれの委員たちの意見の背景に、国々の考古学のあり方の違いが普通にあり、それぞれの国にとってはごく当然のことを話していたとしても、別の国の委員にはなかなか解釈が難しい。そういうことは珍しくなかった。

アジア内の比較だけでなく、アジアと欧米という比較をしてみても、大きな違いが見えてくる。欧米のプロセス考古学、あるいはポストプロセス考古学といった支配的な研究パラダイムとは違い、日本を含むアジア各国では、現在も文化史（culture history）が主流である。文化史はアメリカでは一九六〇年代、英語圏を中心に古典考古学や新石器時代より以降の考古学、旧石器時代をふくむ先史考古学では、すでに過去のことになったパラダイムである。それが、中国、ロシア、韓国、そして日本では、今も大きな意味をもっている。そういう中で、文化史を前提としつつも、その先へ前進して文化変化過程の法則追求に向かうためには、欧米に留学経験をもつ各国の中堅・若手研究者との連携が非常に重要になってくるだろう。

8　「理論」をめぐる欧米とアジア

さらに、「理論の生産供給元」対「理論の適用先・供給先」ということについて考えてみよう。「欧米が理論の生産拠点であって、アジアを含めた他の国々の学会は、欧米から出てきた理論が応用される、あるいはその供給先である、というニュアンスの欧米」対「その他」ということを、溝口氏も『アンティキティ（*Antiquity*）』で論じていた（Mizoguchi 2015）。

しかし、欧米発の理論・方法論がある一方、アジア発の対抗理論（counter theory）、そして欧米とアジアを総合した総合理論（synthetic theories）も十分可能ではないだろうか。というのも、歴史の客観的な軌跡（trajectory）の実際が、欧米とアジアでは相当に違っているからである。たとえば、前期旧石器時代では、かつてハーバード大学のモビウスが考えたモビウスラインという学説がある（Movius 1948）。ヨーロッパから中近東に普遍的な、ハンドアックスが指標になるアシュール文化がある一方、東アジアでは、このようなハンドアックスを指標とする文化圏とは異なる、チョッパー・チョッピングツールを中心的な石器とする別なゾーンがあったとするモビウスラインの学説は、今や古典的なものとなっている。この学説が発表された一九四〇年代から長い時間がたったが、今でもホットなテーマとして国際会議で論じられつづけている。以前に、東京大学の藤本強氏が、東アジアと、オリエントからヨーロッパにかけての歴史そのものの実在的な相違について、優れた本を著したこともある（藤本 1994）。

学会の状況をめぐっても、「欧米」対「アジア」という構図が見て取れる。近年、旧石器時代に焦点を合わせたＡＰＡのような学会だけでなく、すべての時代を対象としたＳＥＡＡ（Society for East Asian Archaeology）、東アジア考古学会のような学会も登場している。現在ではこの学会も大会ごとに数百人がエントリーするなど、大規模化しているが、この学会はどちらかというと、溝口氏が論じた欧米の供給者側の学会という特色が強いように思われる。

また、欧米における研究業績という動機もまた大きく、現在のグローバルな学会状況におけるキャリアにつなげるという面が目立つ。実際、欧米の大学における博士課程の学生、あるいはポスドクの世代が、この学会においては大きな割合を占めている。この枠組、経緯を見ても、欧米における中心主義、理論供給側が、グローバルな学会を社会的にリードするというあり方は、今現在国際的に広がっている学会についても、特徴として存在しているのである。

東アジアからの対抗理論、そして総合理論に話を戻そう。地域の歴史の独自性は、われわれが持つ認識体系とは別に、客観的な事実として各地域に存在してきた。これがプロセス考古学の基本的な立場である。しかし、客観的な歴史的実在が、これまでは欧米発の諸理論の枠組みの中で解釈されてきた。だからこそ、歴史的な各地に存在してきた事実が、ゆがめられてきたのではないだろうか。考古学以外の例で言えば、たとえば、氷河時代における氷河期の区分は北方における影響が大きい。世界史的には、欧州における氷河期の時代区分、地学的なアルプス氷期の時代区分、氷期の中の細分、これらがアルプスを中心とするヨーロッパの自然史をもとにしてきたのは、否定できない研究の歴史的所産である。一九七〇年代以降の地球科学による酸素同位体による時期区分も、グリーンランドにおける氷床コア、南極周辺における氷のコアサンプル、すなわち寒冷な地域での事実が、熱帯や亜熱帯の時期区分として、同様にかぶさって理解されてきた。

しかしながら、たとえば更新世終わりのヤンガードリアスが人間の歴史に与えた影響でも、北方寒冷地の場合と亜熱帯から熱帯にいたる南方地域では大きく相違している。こうした認識の体系に、北方的欧米史観というものが現在も存在していると感じられるのである。南方においては、気候変動の意味する内容が歴史的事実として異なっている。それは、石器製作の内容にも影響している。

9　東洋における統合理論の必要性

ここまで、東アジアの歴史的実在を材料とし、欧米の理論に対して拡大する総合理論をつくっていく必要性に触れてきた。実際、研究史の中で、欧米でも類似の議論がなされていた。それは、唯物史観における「アジア的生産様式論争」である。これは、一九五〇年代から一九七〇年代にかけて起きたもので、規模はかなり大きかった。ヨーロッパ発のマルクス・エンゲルスの時代の古典的生産関係理論の中で、古代東アジア・オリエントの生産関係・生産様式が、歴史的な材料をもとに、唯物史観の理論でどのように捉えるべきかを扱った、マックス・ウェーバー的に言えば、すぐれて理論的な論争であった。かつて唯物史観が理論的根拠にした、一九六〇年代までの歴史知識をもとにした奴隷制・封建制が、東アジアに適用できるかという議論である。私も学生の頃、宮城教育大学の学長まで務められた、大塚徳郎先生の授業を受けたのを覚えている。原始共同体、農業共同体などがトピックであり、現在は東北学院大の佐川正敏先生と机を並べて受講し、よく議論したものである。

関連して、日本の歴史学において行われた、同種の議論について簡単に振り返っておこう。日本列島にヨーロッパの理論が適用可能なのか、それとも違う理論体系で考えるべきなのか。封建社会論では、そのときより後に社会史の文脈で同様の議論が見られる。網野善彦と阿部謹也の対論などがそうだ（網野・阿部 1982）。フェルナン・ブローデル『地中海』、エマニュエル・ル・ロワ・ラデュリの『モンタイユ』など、こういうアナール学派的長期的歴史という脈絡とともに、ヨーロッパと日本の中世の驚くべき相似性が議論されたのである（Braudel 1949 [2004]; Ladurie 1975 [1991]）。また、明治維新のブルジョワ革命論など、近世から近代までは類似しているのか、それとも相異なっているのかが、議論の対象となった。

しかし、どの場合も、ヨーロッパと東アジアを比較可能なサンプルとして対比する立場としては共通している。このような議論が起こるのは、東と西との実在が違うことが原因だろう。そこで、欧米発の理論は修正されたり、特殊な適用例を見出したりするのではなくて、東は東の総合理論に向かう。対抗理論を考える必要があるのではないか。古典的論争について問い直す必要があるのではないか。考古学においても同様に、改めて考え直す必要があるだろう。

10　日本の考古学について

最後に、日本の考古学について触れておこう。日本考古学における地域史の再構成、集積された資料の組み直し・評価のやり直しについてである。一九八〇年代まで、日本考古学の大きな枠組みは、集成という言葉が大切にされたことに象徴されるように、資料を集積し、(演繹的な論理ではなく)その事実の集成から帰納的に新しい歴史がでてくる、というものであった。日本考古学の大きな枠組みとしては今も変わらないだろう。それに、一九九〇年代、二〇〇〇年代、二〇一〇年代と、この三〇年で新たに集積された事前調査による事実を、従来の枠組みに代入し、新たな歴史像、新しい通史をつくっていく。この試みを、いまこそ行うべきではないかと私は考えている。

自分たちで始めたつもりの例を一つ、紹介しよう。二〇一五年に、私はプロセス考古学の文化パラダイム、理論、方法論を東北日本に拡大するという自分なりの意味で、『北の原始時代』という本を上梓した(阿子島 2015)。今までの東北日本、日本の中央の歴史に対しての、東北の通史という地方史ではなく、日本列島東北部という枠組みでデータを見直してみる。本書では、私が東北大学で助手、専任講師を務めていたころ以降に、影響を与えたと思う若手・中堅の研究者たちに執筆を依頼した。あらたに拡大されたデータで、あらたな歴史像を再構築していこうという試みである。

ここで二つほど、具体的提案をしたいと思う。一つ目は、今までの都道府県史の拡大とはちがって、新しい地域の枠を越えた通史を考えたいということだ。つまり、行政的な区分を考察の境としないという原則である。現在の行政、事前調査の構造は、どうしても都道府県市町村、これを上からあたえられた必然的な研究の枠組みとしている。そのような行政的な区分をいったんご破産にする。現在の広域行政区分は明治時代の郡の区分に相当一致しており、そのような旧郡にあたる広域行政を含めて、日常的に対象から越境する機会を持とうということである。

それには、隣の都道府県の県単位の学会に参加する、具体的にはそういうことから無理なく始める。二つ離れた県の学会に出席するだけでも、相当に新たな事実としての知見、考え方としての知見、県単位の行政の仕組みの知見などがえられるだろう。非常に不幸なことだったが、東日本大震災のあと、文化庁が主導した全国的な職員派遣の取り組みがあった。あるいは、都道府県市町村からの応援職員もいた。宮城県考古学会などでも発表されていたが、県によってずいぶん埋蔵文化財行政の具体的なノウハウや、日常の仕組みが違う。ここでは新たな発見があった。シンポジウムの構成なども、そのような都道府県を越境したときに知られる知見が出されていた。

もう一つの提案は、研究者それぞれ時代の専門を越えようというものだ。私は一般に、旧石器時代が専門とみられている（笑われるかもしれないが、データベース上では弥生時代の専門でもあるのだが）。大学教員の立場的には、時代を問わず、旧石器から東北の縄文・弥生、古墳、古代、中世まで、埋蔵文化財調査室では仙台城跡など近世へのめくばりも必要とされる。自分の研究の専門とする時代からは越境した活動が、日常的に必要とされている。

研究者は自身の専門に閉じこもりがちだが、近いところから、別の時代の専門学会に越境してみるべきではないだろうか。旧石器で論文を書く研究者の方々は、縄文時代研究の会にたまに出てみる。あるいは、古墳時代の東北の研究会に少し顔を出してみる。あるいは、日常的に、職務上なされている行政の研究者も多いことだが、城柵官衙遺跡検討会に出席してみる。このようなときに、さまざまな知見がえられる。すなわち、地域史のあらたな再構成のためには、実在した歴史に基づく日本の中での再構成のためには、行政区分を越境してみる。時代の専門の学会を越境してみる。これは、身近なところからすぐにでもできる、誰でも十分可能なことだろう。しかし、このわずかな一歩こそが、各地域・時代の研究特有の特性を踏まえつつも、それらを超えた歴史像への第一歩になりうるものだと考えている。

11　考古学データによる東アジアからの新しい試み

かつて新進化主義人類学が論じられ、その具体的な理論的追求は、当時マイノリティであった文化生態学から考古学へと拡大していった。現実として、アメリカ考古学において、新進化主義は文化人類学におけるよりも大きな影響を持っている。こうした状況で、人類学全体の理論的発展のために、文化人類学全体あるいは広義の人類学に対して、時間の次元を持つデータを提供できるのは考古学だけである。文書が残された歴史考古学まで含められるのであれば、データの確実度はさらにたしかなものとなる。ここが、文化人類学・社会人類学と考古学の違いである。

新進化主義人類学の段階説の検証、バンド、部族、首長制、未開国家の段階の移行プロセスの検証は、民族学的データではなくて、考古学データによってなされる。移行段階、段階の間の観察、資料での実態。そういったデータは、考古学だけが提示できるのである。欧米の理論を拡大する総合理論を東アジアからという点についても、その実在データが存在するのはその場所においてである。欧米の主導理論を適用できるかという枠組みではなく、新たな東アジアの学界から出てきた新しい枠組みの総合理論を考えていく。このような試みを開始すべきなのである。

引用文献

阿子島香. 1989.『石器の使用痕』東京：ニュー・サイエンス社

阿子島香. 1998.「ルイス・ビンフォードの軌跡」『民族考古学序説』pp. 22-44

阿子島香（編）2015.『北の原始時代』東京：吉川弘文館

穴沢咊光. 1985.「『考古学』としての『人類学』（1）：プロセス考古学（ニュー・アーケオロジー）とその限界」『古代文化』37(4): 143-152

網野善彦・阿部謹也. 1982.『中世の再発見　市・贈与・宴会』東京：平凡社

Braudel, F. 1949［2004］. *La Méditerranée et le Monde Méditerranéen a l'époque de Philippe II.* 浜名優美訳『地中海1-5』東京：藤原書店、2004

藤本強. 1994.『東は東、西は西―文化の考古学』東京：平凡社

Jochim, M. A. 1988. Optimal foraging and the division of labor. *American Anthropologist*, 90(1): 130-136.

Ladurie, E. L. R. 1975［1991］. *Montaillou, village occitan de 1294 à 1324.* 井上幸治・渡辺昌美・木居純一訳『モンタイユー、ピレネーの村 1294～1324』（上・下）東京：刀水書房、1991

Mizoguchi, K. 2015. A future of archaeology. *Antiquity*, 89 (343): 12-22.

Movius, H. L. 1948. The Lower Palaeolithic Cultures of Southern and Eastern Asia. *Transactions of the American Philosophical Society*, 38: 329-426.

Steward, J. H. 1955［1979］*Theory of culture change: The methodology of multilinear evolution.* 米山俊直・石田紝子訳『文化変化の理論：多系進化の方法論』東京：弘文堂、1979

第7章　ポストプロセス考古学的フェイズにおける社会考古学
――リコメント、あるいは同時代的状況の中で適切に体系的に「温故知新」を行うために

溝口孝司

はじめに

はじめに、有松唯氏（東北大学（当時））が、尊敬する阿子島香先生と、私たちがそれぞれに学び実践してきた考古学の枠組みについて語り合う機会を作ってくださったことに、まずもって深甚の謝意を表するとともに、それが二〇一六年六月のことであったことの意味に思いをはせることを許されたい。

私がケンブリッジ大学に留学したのが一九八八年九月、住み慣れた小さな大学町（今はオックスフォード並みの都市になっている）を離れたのは一九九四年一月のことだ。この対談で阿子島先生がそれについて／それに媒介されてさまざま語られることとなったいわゆるプロセス考古学、この枠組み／潮流のマーカーとなったルイス・ビンフォード氏の論文“Archaeology as anthropology（人類学としての考古学）”（Binford 1962）の出版は一九六二年。私がそれについて／それに媒介されてさまざまを語ったポストプロセス考古学の始まりを画したと広く認識されるイアン・ホダー氏編集の“*Symbolic and structural* archaeology（象徴的構造的考古学）"（Hodder 1982）の出版は一九八二年。ポストプロセス考古学「運動」のポストモダン傾斜（とでも形容される傾向性）の始まりを告げたマイク・シャンクス、クリス・ティリー両氏の"Re-constructing archaeology（考古学の再構築）"（Shanks and Tilley 1987a）、"Social theory and archaeology（社会理論と考古学）"（Shanks and Tilley 1987b）はともに一九八七年出版であった。プラザ合意は一九八五年。第一次湾岸戦争は一九九一年。バブル崩壊も一九九一年。インターネットにつながる情報ハイウェー（Information Superhighway）構想がニューヨーク・タイムズ紙上で語られたのが一九九二年一一月だという。ウィンドウズ95発売は（当然）一九九五年である。

一九六二年↓（二〇年）↓【一九八二年↓（五年）↓一九八七年】↓（二九年）↓二〇一六年六月

ハイパー資本主義・グローバル化の展開と深化、それを媒介・促進したデジタル・テクノロジーの発達と、ポストプロセス考古学の生成分化・展開は、（これまでも何度も強調してきたことだが）振り返れば驚くほどよく同調している（溝口 2016: 95-99 参照）。また、ポストプロセス考古学が当初からはらんでいた雑多な方向性のミニ・パラダイムとしての分化・展開も一九八二年から一九八七年の五年間でスピーディに進展したことがわかる（溝口 1999 参照）。それから二九年が経過した。私が日本に戻ってからも二二年が経った。その二二年の経験から見た日本考古学的言説空間の特徴と、その歴史的展開については、対談にてかなり語ることができたように思う。それでは、この二〇年を超える年月のうちに、世界の考古学的言説空間には何が起きたのか？　プロセス考古学的フェイズの始まりからポストプロセス考古学的フェイズへのシフトにかかった二〇年はとうに過ぎている。ミニ・パラダイムの分化は継続した（フェミニスト／ジェンダー考古学、身体性の考古学（Archaeologies of embodiment/embodied experiences）、神経考古学（Neuroarchaeology）、物質性の考古学（Archaeologies of materiality）……）。しかしこの間、プロセス考古学的フェイズからポストプロセス考古学的フェイズへのシフトにおいて私たちが体験した（と回顧・意味付ける）「考古学すること」の前提と根幹の認識転換（これについても対談でかなり語ることができたと思う）は起こっていないし、また近々起こる気配もない。ある意味、当然だ。ハイパー資本主義・グローバル化の展開と深化、それを媒介・促進したデジタル・テクノロジーの発達に媒介・構造化される社会編成をなんと呼ぶにせよ（後期近代？ポスト近代？）、トレンドとしてのそれは継続しているのだから、それとの同調により展開してきたポストプロセス考古学的フェイズは、いまだに継続中なのだ。

以下でも登場するアンソニー・ギデンズが、同時代社会診断の重要なキーワードとして自己再帰性（self-reflexivity）を、そして、そのような態度の社会的言説空間全域への拡張を一連の書物で強調し始めたのは一九九〇年のことである（e.g. Giddens 1990）。このような場面でこのような人物はこのように考え、このように行動する。そのことを踏まえて、そのような場面で自分はこのように考え、このように行動する。そのことが場面とイベントとの結びつきの反復によって人々のうちに内面化したのが〈伝統〉、そのような内面化した規範・伝統に裏打ちされた社会が〈伝統社会〉とするならば、〈近代〉は、さまざまな伝統を機能的に選別し、複雑化・複合化する社会の存続に適合しない伝統を捨て去り、科学的手続きと枠組みに置き換えることによって成立展開してきたと言える。主に政治・経済領域においてこのような流れは進行した。プロセス考古学も、考古学におけるこのような流れの帰結として理解することができる。人間集団ないしは文化といういわば「伝統単位」の伝播と置換によって物質文化の変化を説明するパラダイムは、社会・文化による「環境への機能的適応」によって物質文化の変化を説明するパラダイムに置き換えられたのだ。一九七〇年代から進行した事態は、政治・経済領域外に存続・残存していた伝統的領域が、それらを支える伝統規範の批判的自己反省的（critical self-reflexive な）吟味によって改変・脱構築されてゆくという事態といえる。それまで疑問に付されることのなかった生活世界のさまざまな領域、たとえばセクシュアリティ、ライフコース、嗜好などについて、それぞれのそれまでの「当然」が疑問に付され、「当然」が含みこんできた権力構造が明らかにされ、それらの脱構築が目指されることとなった。このようなトレンドが人文・社会科学領域の動向にも強く影響し始めたのが一九八〇年代、メインストリームになり始めたのが一九九〇年代初頭といえよう。このような事態とポストプロセス考古学の勃興と急速な展開変容は相関し、ポストプロセス考古学はそのような流れに棹差すかたちで急速に拡散受容された。そのような意味で、ポストプロセス考古学「運動」は、人文・社会科学のセルフ・リフレクシヴ・ターン（self-reflexive turn：自己反省ターン）とでも形容すべきパラダイム転換の現れであったともいえる。

そして二十数年の月日が流れた。ここにきて、欧米系の研究集会で、各種の自然科学的手法の応用性の拡張と洗練（のみ）をテーマとしたセッションが急速に存在感をましている。そこで主要な探求テーマとされるのはモノの製作技法、原産地・生産地、人の出身地、そしてモノと人の移動の様態の復元である。手法開発・応用範囲の拡張と洗練という目的に従属するかたちで、個々のペーパーの具体的内容は分析結果の記述と、それに行き当たりばったり（haphazard）に接合される（多くの場合とても素朴な）説明の組み合わせに終わる場合が多い。そこにみなぎる空気感は、確証可能な現象の（／それのみに限定された）素朴な記述と、そこから導かれる素朴伝播論的発想に充ちている。考古学史上の伝播論フェイズを、無論私は体験していないが、ある種デジャブ的感覚と危機感を私は抱く。プロセス考古学的フェイズ、ポストプロセス考古学的フェイズを経て、私たちは再びネオ伝播論（とでも呼ぶべき）フェイズへと回帰しようとしているとでもいうのだろうか？　そして、研究集会での空気感は、少し遅れて、査読誌に掲載される論文内容の変化としてパラダイム的に拡散・定着するにちがいない。私たちは、批判的自己反省の連続に倦み、もしくは耐えかねて、退行の道を選ぶのだろうか？　そして、たしかに、新しい伝播論は、現象として、新たな国家民族主義的言説の勃興とパラレルである。反省に疲れ、ささくれ立った心に、偏狭なものであれ緩やかなものであれ、〈（アイデンティティの共有を措定された）集団〉の探求は暖かなクッションとして機能するのだろうか？　対談でも強調されたように、日本考古学は、基本的に「反理論化志向」を内面化された規範とし、その記述・説明の主導的ロジックとしては広義の伝播論を無批判・無意識に採用し続けてきた。皮肉にも、現象のレベルにおいて、グローバル化の波に洗われる今日の世界において、閉じた言説空間としての日本考古学の伝統的志向性が、その閉じを維持したままに、欧米考古学的言説空間のトレンドとの一致を体験しつつあるのだ。大げさに感じられるかもしれないが、日本考古学の危機と世界考古学の危機を、私たちは同時に体験しつつあるとも言える。

対談での発言を通じて感じとっていただければ幸いであるが、私はこのような日本考古学「的」状況、欧米の現況に特徴付けられる世界考古学の今日「的」状況の双方に対して、より良い関与・介入をしたいと願いつつ、これまでの研究を展開してきた。そして、私が上述のように認識する考古学史の中の

「このタイミング」で与えていただいたこのような機会に、自らの志向性と研究経歴に対応した発言をしたいと願ったたし、この場においてもそのような叙述を行いたいと願う。そのような意味において、以下の「リコメント」は「考古学という社会的言説の一領野がどのように構造化され、どのように維持され変容するのか」、という原理的議論から立ち上げ、「考古学すること」が埋め込まれた〈世界〉の現状と、その中で「考古学する」ことのより良いあり方、意味・意義につき段階的吟味を展開するものである。そして、その過程における関連箇所において、いただいたコメントへの回答に該当する記述を行う、という形態をとること、それゆえ、それぞれのコメントへの明示的回答を行うかたちとはならないことをお許しいただきたい。全体をお読みいただければ、中尾氏、大西氏、三中氏のコメントへの複合的・節合的回答を各所に見出していただくことが可能なはずである。

また、これまで私がそのような一貫した志向性に基づいて公表してきた個々の論文・書物を、今日的状況への介入の一環として一冊の書物にまとめるならばどのようなものとなるか、についての思考実験も9節にて行ってみた。これまでの私の仕事の骨組みに関する、ある種の自己解説ともなっているかもしれない。

それでは作業を始めよう。

1　〈領野〉としての考古学

人間が居なくても世界（と人間が呼ぶもの）は存在する。しかし、世界もそのような事態も、人間としてのわれわれの〈分節〉（差異の言説的・非言説的／身体的認識）を通じてしか、人間としてのわれわれには把握されない。人間としてのわれわれは世界を「人間としてのわれわれが分節できる（可能性のある）あらゆる可能性の総体」として把握する。そしてわれわれは、そのような〈世界〉の〈複雑さ〉（≒取り得る対応チョイスが二つ以上存在する）を生存のために縮減し、生きてゆく。言い換えれば、われわれは世界を扱いやすい見え方、様態に切り縮め加工して、それを用いそれに媒介され補助されながら生きつづける。そのような世界の中で、当然のことながら、自分以外の人々の占める位置は大きい。なぜならわれわれは、多くの場合、他者との交渉を通じて世界の複雑さを切り縮め加工しながら生きているからだ。そのために、まずは他者が構成する複雑さを取り扱い可能にするために切り縮め加工しなければならない。われわれは、お互いにお互いの複雑さ、お互いの「直接コントロール不可能性」（→お互いの心の中、「腹の内」を、直接に観察することはできないから）を、お互いにそれぞれのやり方で制御しながらやり取りを続ける。そのことを通じてわれわれは、人間以外のすべてが構成する世界の複雑さを、人間が構成する複雑さとともに切り縮め加工して生きてゆくのだ。

　生きてゆくためにまずは行わなければならないお互いの制御、もっと正確に言えばお互いの思考と行動のそれぞれの調整のために、われわれはわれわれがどのような場面ではどのように行動するか（正確には「行動しがちか」）を、〈予期〉の形で類型化し、それを記憶として内面化する。そして、それぞれの場面でそのような内面化した記憶を意識的／無意識的に呼び出し、お互いの行動の相互制御・調整とその接続＝〈コミュニケーション〉を行う。

　そのような予期＝〈相互予期〉は、一定以上の頻度で対面的行動を共にするものどうしの間では自然に形成される種類のものである。しかし、一定以上の頻度でコミュニケートする機会のないものどうしの間でコミュニケーションを立ち上げなければならない状況、相互予期を共有しなければならない状況が出現する頻度が高まってくると、われわれは、身振りと言葉を超える永続性をもつモノたちに相互期とそれを支える記憶の保持・保存の助け、〈媒介〉を仰がなければならなくなる。ある対象についてのコミュニケーション、もしくはある対象をめぐるコミュニケーションが、一定の相互予期と言葉・身振りと結びつき、その継続を可能とするようになったとき、以下ではこれを〈領野化（territorialisation）〉と呼び、そのようなコミュニケーションが生起し継続する事態とその場面を（相互交渉・コミュニケーションの）〈領野（field）〉と呼ぶことにしよう。そうすると、そのような〈領野〉の中には、（a）身振りと言葉のみに媒介されて存在することができるものと、（b）身振りと言葉を超えた永続性を持つモノたちに媒介されないと存在することができないものの両者が存在することになる。まずはこのことに注意しよう。なぜなら、後述するように、〈考古学〉という学問も後者（b）の一例ということになるからだ。さまざまな研究・調査機関、学会組織、雑誌や書籍、研究機材、そして一定の定式化がなされた理論・方法・技術などがないと（これらはいずれも文字や、その他その場に必要とされるモノたちにより体現・媒介される）、〈考古学〉という〈領野〉は存在・存続することができない。

2　（社会）考古学的実践とその機能

「考古学する」ことも、人間が世界を生きてゆくために行う複雑性の切り縮め・加工の一環である。それは、過去の人々が、自らの分節した世界の複雑性を切り縮め・加工しながら生き続けたことの物的痕跡を主な対象として行われる。〈考古学すること〉としての世界の複雑性の切り縮め・加工は考古学者どうしのコミュニケーションと、考古学者と非考古学者とのコミュニケーションの両者に媒介されて行われる。考古学するというコミュニケーションに関与するすべての人々がすべて一定以上の頻度で対面的相互交渉・コミュニケーションを行うことはない・できないので、身振りと言葉を超えたモノたちによる、考古学することを可能とする〈相互予期〉とそれを支える記憶の保持・保存の助け、媒介が必要となる。

そもそも考古学することは、社会的に認知された相互交渉・コミュニケーションの領野としていつ、いかに存在することとなったのか？　そのことの歴史的契機と背景、メカニズムについては（Mizoguchi 2006）に詳述したが、これには、〈近代領域国民国家（modern territorial nation-state）〉という、その内部に多数の個別生活世界／領野を抱え込みつつ、それ自体自律する独自の〈組織〉（≒【そのメンバーである：そのメンバーでない】の区別が【利害／運命を共有する：利害／運命を共有しない】の区別と節合され維持されるような人間集団）として自己再生産することを存在要件とする領野の創発が深くかかわっている。すなわち、日常的にコミュニケートできない人々どうしが、あたかも生活世界を共有し一定以上の頻度でコミュニケートするかのように感じ、領野の存続のために制度化された法の遵守・納税・兵役などの義務を「お互いのため≒国家のため」に、自らの運命として受け入れ、果たすようになる。そのような事態の創発と相関的に、専門分野としての考古学は誕生した。考古学というコミュニケーションの〈領野〉とその物的媒体としての考古資料、また学会や学会誌や専門的知識・技能・用具などが、国家という領野／組織の存続の（モノ的）媒体として浮上したのである。このことは、考古学とその資料と組織と制度とさまざまな用具が、その歴史の起点において一定の〈意味〉、すなわちある組織（＝国家）の維持のために役立つという機能を帯びて出現したことを示す。このことは、以下の議論において一貫して重要な意味を持つ。暴力的に単純化するならば、（他の学問分野と同じく）考古学は「国家という組織の維持・再生産に貢献する」という機能に沿って分化・〈専門分野化（disciplinisation）〉されたのである。

さて、考古学という領野がその再生産において依存するモノは多様である。それは、（A）人々が自ら「考古学している」と認識するところのさまざまな場面に存在し、人々に用いられる用具（特定の仕草、言葉からさまざまな動産的アイテムまでを含み、後者には学術雑誌や専門書などの書籍から、さまざまな専門用具なども含まれる）、（B）そのような場面そのものの物的空間構成（発掘調査現場、講演会場、会議室、講義室、など）とその構成物（それは土の匂いといったモノも含む）、（C）そのような場面を可能とするさまざまな（成文化されたもの、されないものを含む）広義の制度により構成される。これらが節合された総体を〈コミュニケーション財（ゼマンティーク）〉（Luhman 1984 [1993]: 331–403）と呼びかえることも可能である。今回の阿子島氏との対論／対談という領野において、相互交渉・コミュニケーションの対象となった〈理論〉は、以上のカテゴリー化によるならば、考古学という〈領野〉の再生産がそれに依存する〈制度〉、すなわち上の分類の（C）の一類型ということになる。下記に詳述するように、このような〈制度〉の内容そのものはコミュニケーションそのものを通じて創発・再生産される。それゆえ、〈制度〉＝〈（考古学）理論〉そのものが独立した領野を形成することとなる。システム論的に言い換えるならば、理論は、考古学という全体システムの部分システム＝サブシステムということになる。

ちなみに、ここで若干脇道にそれるならば、

上述のような〈領野〉生成・再生産（≠維持・変容）・消滅の条件と具体的メカニズムの復元を通じて、現在と未来における社会的存在としての個と集団のより良い意思決定に寄与するのが社会考古学の〈機能〉［社会の（より良い）存続への寄与］の一つである

と私は位置付けている。これは、

「考古学的実践を通じて体系的に温故知新すること」

と言い換えることもできよう（「温故知新」がさまざまな意味・含意にまみれた、実に古びてクリシェ化したフレーズであることを承知のうえで）。そのような立場においては、考古学的理論に関して創発する〈領野〉も（e.g. 溝口 1997a, 1998, 2016; Mizoguchi 2006, 2015）、弥生時代の墓地を場／媒体として創発する〈領野〉も（e.g. 溝口 1995a・b, 2000, 2014a; Mizoguchi 2014）、ショッピングモールを場／媒体として創発する領野も（溝口 2017）、研究対象として、またアプローチの技法において相互の間に本質的な相違はまったく存在しない。そのような意味で、小論でこれまで述べてきたこと、以下に述べることについては、私の考古学的実践のすべての〈領野〉に等しく当てはまることとなる。言い換えれば、私は考古学理論についての研究・

発言・論文執筆も、弥生時代の墓地についての研究・発言・論文執筆も、現代のショッピングモールについての研究・発言・論文執筆も、(高度に意図的に) 同様な〈コミュニケーション財〉に準拠して行ってきた。これからもそのように行ってゆくであろう。このことは以下に述べることと私の考古学的実践の総体とを特徴づけ、理解していただくためにとても重要である。

3　考古学的理論〈領野〉の具体的構成

さて、考古学的理論という〈領野〉の具体的構成として、私は

(α) メタ理論的 (議論) 領野
(β) 一般理論的領野
(γ) 中位理論的領野
(δ) 実践の領野

の四つの位相を分節し、それぞれの関係は相互規定的でありつつも終局的にはα・β領野が他に対して規定的であることを論じた (溝口 1997a, 1998)。これらはそれぞれ自律的領野としての〈構造〉を備えている。ここでの構造とは身振り、言語からさまざまな性質・スケールのモノを含むさまざまな意味作用の媒体とそれらをどのように組み合わせどのように連接してゆくかにかかわる規範・規則の総体を意味する。ここでαが「終局的に規定的」であるのは、β位相における選択はα位相における選択に準拠し

て行われ、γ位相における選択はβ位相における選択に準拠して行われ、δ位相における選択はγ位相における選択に準拠して行われる、というアルゴリズム的関係が、これら相互の間に論理的に成り立つからである〔実際には、個々の位相における（偶発的）選択が、後付け的に他位相における選択に影響を及ぼすことも多々あるが（というか、そのような場合の方がむしろ一般的であろうが）〕。

さて、

（α）メタ理論的領野では、【良い理論／悪い理論の弁別の基準・尺度】を軸として、さまざまな知識／記憶財（考古学的理論の内容・性格・機能をめぐる先行言説）・その保存の媒体（論文・書籍・ナラティヴ）、そしてそれらを選択し節合し連接する一定の規範・規則が構成する〈構造〉に依拠してコミュニケーションが継続される。

（β）一般理論的領野では、【良い理論／悪い理論の弁別】を軸として、さまざまな知識／記憶財（既存の諸理論）・その保存の媒体（論文・書籍・ナラティヴ）、そしてそれらを選択し節合し連接する一定の規範・規則が構成する〈構造〉に依拠してコミュニケーションが継続される。

（γ）中位理論的領野では、【（選択された良い）理論と資料との接続】、すなわち「理論との接続のための資料操作の方法」・「析出された資料のパターンと理論との接続の方法」それぞれにおける「良い実践／悪い実践の弁別」を軸として、さまざまな知識／記憶財〔既存の諸理論・諸方法、たとえば帰納法（inductive approach/reasoning）を採用するか、演繹法（deductive approach/reasoning）を採用するか、はたまた仮説推論法か（abductive approach/reasoning）、パターン析出のための諸方法（定性的か、定量的か）〕・その保存の媒体（論文・書籍・ナラティヴ）、そしてそれらを選択し節合し連接する一定の規範・規則が構成する〈構造〉に依拠してコミュニケーションが継続される。

（δ）実践の領野では、実資料の検出から記録・定量的・定性的分析過程を場として、さまざまな知識／記憶財（既存の諸方法・諸手法）・その保存の媒体（論文・書籍・ナラティヴ）、そしてそれらを選択し節合し連接する一定の規範・規則が構成する〈構造〉に依拠して、より良い検出・観察・記録・分析方法に関するコミュニケーションが継続される。

ここで、阿子島氏との対論ですでに展開した「クラシカル」なプロセス考古学とポストプロセス考古学との対立点を、以上に沿って今一度整理するならば、

（α）において、プロセス考古学が【良い理論／悪い理論の弁別の基準・尺度】の議論を、「客観的知識の生成枠組み／非客観的知識の生成枠組みの弁別」［≒認識論（epistemology）的議論］に絞り込むのに対し、ポストプロセス考古学は「認識の価値／理論負荷性」の概念を導入し、理論そのものが、それ自身の価値／理論負荷性に関する認識［自己再帰性（self-reflexivity）の認識］をその枠組みに組み込めているか否か、を【良い理論／悪い理論の弁別】の重要な基準・尺度として強調する。

（β）において、プロセス考古学が【良い理論／悪い理論の弁別】の議論を、説明の客観性の確保可能性を基準として、「論理実証主義」的（logical-positivistic）な枠組みの選択と洗練に絞り込むのに対し、ポストプロセス考古学は自己再帰性の確保可能性を基準として、現象の〈説明〉の前提とし

ての因果性の認識そのものが価値／理論負荷的であることを強調しつつ、【良い理論／悪い理論の弁別】の弁別基準に、「同時代社会のリアリティとの関係性の質の判断」をも導入する。

（γ）・（δ）において、プロセス考古学が考古学的な【良い実践／悪い実践の弁別】、【良い資料化の方法／悪い資料化の方法】の議論を、論理実証主義的に構築された仮説の検証に適合する資料操作の質の議論に絞り込むのに対し、ポストプロセス考古学は仮説検証の過程において仮説、またその基盤としての一般理論そのものに変更の必要が生ずる可能性を強調し、〈解釈学（hermeneutics）〉的循環の不可避性と、それに基づく資料操作とパターン認識の理論負荷性を強調する。

以上の対立点を暴力的に集約すれば、

「クラシカル」なプロセス考古学においては、考古学的思考と行為の総体において（社会）環境負荷の介在可能性の最低化が志向されたのに対し、ポストプロセス考古学においては、（社会）環境負荷の介在の不可避性が前提とされ、それをいかに考古学的思考と行為の形式化（共有可能な枠組みの構築）の中に組み込むかが問題化された。

ということになる。

4 社会の変容とダイアグラムの移行

上述のような「クラシカル」なプロセス考古学対ポストプロセス考古学の対立は、科学の手続きに関する規範母型の対立であると同時に「世界観」の対立としても理解することが可能である。それゆえまた、この対立は、下記に述べるように、近代後期（the Late Modern Age）社会の複雑性・流動性の増大と連動することが確認可能である。さらに、〈プロセス考古学的フェイズ〉から〈ポストプロセス考古学的フェイズ〉（対談関連箇所を参照のこと）への移行を、社会の複雑性・流動性の増大に対する考古学という領野の適応的対応として捉えることも可能となる。

すなわち、「冷戦」状況＝「社会主義ブロック」と「資本主義ブロック」の対立（と当時みられた）状況の基盤としての「社会的市場経済」・「福祉国家政策」（これらは実は社会主義ブロックと資本主義ブロックの両者において採用された）のもと、科学的言説空間全般、ことに社会科学的言説空間における社会工学（social engineering）的政策立案参画への希望と楽観（これらは社会現象のパターン化、因果関係の特定可能性への楽観と表裏一体である）が存在した。一九七〇年代中盤以降の上記の行き詰まりと新自由主義的経済原理・政策（当時それを強力に実行する宰相の名をとってレーガノミクス、サッチャリズムなどのニックネームが与えられた）への移行とともに、安定的社会編成は崩壊し、冷戦状況的二元論的世界観・価値観（＝社会主義：資本主義：：善／悪：悪／善……）は多元化・断片化・流動化した。プロセス考古学・ポストプロセス考古学の「クラシカル」な対立状況は、このような社会総体の変容に対応して、

【安定的社会編成⇕二元論的世界観・価値観⇕社会現象のパターン化・因果関係特定可能性への楽

観⇕人文社会科学の自然科学化への楽観】

というダイアグラムが

【流動的社会編成⇕世界観・価値観の多元化・断片化・流動化⇕社会現象のパターン化・因果関係特定可能性への悲観⇕科学全般における社会的負荷介在の不可避性認識のたかまり】

というダイアグラムへと移行する状況に対応している。そして、後者の出現は、考古学という領野においては、前者に対する対抗言説の出現というかたちをとったので、当初、これらのダイアグラム間の関係は「敵対的」と表現可能なかたちをとった。これらの状況の複合が、「クラシカル」なプロセス考古学対ポストプロセス考古学の戦闘的対立の実態である。

　そして、一九八〇年代以降、ことに一九九〇年の表層的政治的意味における冷戦の終結以降、上記のような傾向性、すなわち世界観・価値観の多元化・断片化・流動化は、新自由主義的経済システムの世界拡張⇔グローバル化とともに加速的に深化した。そのような流れのなかで、二つのダイアグラムの境界は曖昧化した。私の把握する現状は、

（１）上記の二つのダイアグラムを構成した個々の単位が混合され、

（２）多元化した世界観・価値観に対応する個別の考古学実践に動員されることを通じて、

（3）それぞれの知識財／記憶財としての内容・性格を変容させているが、
（4）その変容の様態は、多元化した世界観・価値観に対応して分節／創発した考古学実践の「ミニ・パラダイム群」と対応して多様なため、
（5）相互比較／対比と、それに基づく意見交換が難しくなっている。

というものである（Mizoguchi 2006: 121-133; 溝口 2016 参照）。

5　変容・移行への考古学的言説空間の対応

このような状況に対する世界考古学の言説空間の対応、日本考古学の言説空間の対応はどのようなものだろうか？　詳細は拙論（Mizoguchi 2015）などを参照いただきたいが、世界考古学の言説空間においては、それぞれの国や地域の近代化の軌跡に応じて分化した伝統的実践母型に応じて、プロセス考古学・ポストプロセス考古学が生成し対立が生じた欧米圏（より正確には英・北米を中心とする地域）からのグローバル化に媒介された影響の拡散への対応の差異が生じている。しかし、全体としては、考古学的実践への（社会）環境負荷の介在の不可避性の認識はデフォルト化し、上記の（γ）中位理論的領野、すなわち「理論との接続のための資料操作の方法」・「析出された資料のパターンと理論との接続の方法」においては〈仮説推論法（abductive approach/reasoning）〉のプラグマティックな受容が一般化している。このような平準化への流れとは対照的に、（α）（β）領野においては、「良い理論／悪い理論の弁別の基準・尺度」、「良い理論／悪い理論の弁別」それぞれをめぐって、広い意味での「考古学的実践の社会

的意味」をめぐる多数の実践母型（ミニ・パラダイム：溝口 1999 参照）が領野化し、相互の排他性をますます強めているのが実態といえる。しかし、個々の領野の再生産・それに依拠した実践に参画する考古学者とそのネットワークは世界に広がるようになっている。すなわち、断片化した言説空間を構成するミニ・パラダイム相互の関係は排他性を強めつつも、それら個々は世界の考古学者をつなぐグローバル・ネットワークを拡げているのだ。このような矛盾する志向性を抱え込んだ世界考古学（'World Archaeologies'）の言説空間は、個々のミニ・パラダイムの洗練深化のスピードを加速するかたちでますます流動化を深めている。

これに対して、日本考古学の言説空間においては、プロセス考古学とポストプロセス考古学の対立状況を引き起こした上記の社会編成変容・ダイアグラム移行と相関して、日本的マルクス主義考古学のなしくずしの退潮が一九七〇年代から一九八〇年代を通じて進行した（Mizoguchi 1997, 2006: 71–81）。

6　移行の実態

プロセス考古学「的状況」からポストプロセス考古学「的状況」への移行も、マルクス主義考古学の「退潮」も、それら言説空間の〈領野〉としての維持の困難化、すなわちある〈予期〉の共有を前提とするコミュニケーションの後続コミュニケーションへの接続の困難化によりもたらされる。要するに、以前のようには「話が繋がらなくなる、通じなくなる」のだ。日常言語で述べるならば、特定の道具立てと仕草に媒介されて紡がれる言葉の連なりが「なんか嘘っぽい」「しっくりこない」「意味がわからない」「ダサい」などなど、と形容されるようになる事態であるが、これは、ある領野がその環境としての〈世界〉とそのダイアグラム的構成との緊密かつ有機的なつながり＝節合性を失うことにより生じる。

ここで付け加えておくならば、そのような意味において、プロセス考古学的状況からポストプロセス考古学的状況への移行も（Mizoguchi 2006: 121–133）、日本におけるマルクス主義の退潮も（Mizoguchi 1997）、弥生時代北部九州における二列埋葬墓地（を含む列形成指向墓）から集塊状墓地（系列形成指向墓）への移行も（溝口 1997b）、ブリテン島新石器時代から青銅器時代前期にかけてのロングバローへの集合埋葬から線条的に配置されたラウンドバローへの個別埋葬系列形成への移行も（Mizoguchi 1993; 溝口 2017）、そして、今日のショッピングモールの隆盛も（溝口 2017）、ある〈領野〉とその構造の維持の困難化⇒それを促した〈世界〉のダイアグラム的構成の変容に対応するための試行錯誤を経て⇒新たな〈領野〉とその構造の生成、という過程・メカニズムにおいては、相互にまったく変わるところはない。繰り返しとなるが、そのような意味で、私の考古学的実践は、ルーマンによる社会システム理論（Luhman 1984 [1993]）、ギデンズによる構造化理論（Giddens 1984）、ドゥルーズとガタリによるいわゆる〈アセンブリッジ理論（assemblage theory）〉（Deleuze & Guattari 1980 [2010]: 231–303; DeLanda 2006）を節合した一般理論体系を単一準拠枠として、考古学領野内部に分化する複数領野の再生産に参画するというかたちを取ってきた。日常言語を用いるならば、統一理論を統合的に用いて理論的議論もケース・スタディも等しく行う、となる。

7　断片化・高ストレス化と反理論志向の持続／高まり

6節の後段に述べたような立場からすると、5節に述べた世界考古学の言説空間の現状と日本考古学の言説空間の現状について、以下のような診断をくだすことができる。

まず、世界考古学の言説空間の現状について。ミニ・パラダイムの乱立とグローバル・ネットワーク化双方の急速な深化は、個々の研究者にかかる選択の負荷を格段に高めつつある。すなわち、（3節で述べた考古学理論領野の四つの位相）（α）どのような尺度を用いて、（β）どのような一般理論を、（γ）どのように実資料とそのパターンと接合し、（γ）そのために、どのような分析手法を用いてどのような資料検出・観察・分析・パターン化を行うか、のそれぞれの位相において、個々の研究者はグローバルなトレンドの中に常に自らを置き、その位置を相対化しつつ、選択し、実践しなければならない。選択の機会と選択肢の急激な増加は、個々の研究者の立脚点の流動化をもたらす一方、他方では、研究者アイデンティティの確保のための「極端な選択」を常態化させる。すなわちこれまで参照されたことのない隣接諸学理論・方法体系導入をめぐる競争が激化するのだ。しかし導入可能な体系は無限ではないため、結果的に多数の研究者が特定体系の導入に集中する結果をまねき、その結果、さらなる平準化と、それを脱するためのさらなる新たな体系導入志向の強化が生ずる、というサイクルが生まれている。同時に、そのようなサイクルは個々の研究者を高い選択プレッシャーとストレス環境に置く。そのような状況への一対応戦略として、（3節で述べた考古学理論領野の四つの位相のうちの）（δ）実践の領野、すなわち実資料の検出から記録・定量的・定性的分析過程にしぼって、自然科学的な分析手法の洗練に特化して研究をすすめるという戦略がポピュラーになっている。この戦略は、新自由主義的原理がますます拡張する研究資金調達の場面においても有効であることから、ますますポピュラーになっているのが実態である。

日本考古学の言説空間においても、日本的マルクス主義の退潮後、言説空間の断片化≒蛸壺化が著しい。しかし、日本においては、近代化以降の日本社会のたどった軌跡と強く相関しつつ（Mizoguchi 2002: 25–48, 2006: 55–81; 溝口 2014b）、反理論化（anti-theorization）傾向が身体知的に研究コミュニティに共有されることとなったため、蛸壺化した研究領域が真の意味でミニ・パラダイム化／領野化することなく、すなわち相互検証にたる体系性と形式性を付与されることなく、あいまいに「秘教的」に小グループ内で共有される場合が多い。結果として、小グループ内での相互批判は活性化せず、グループ間での批判はときに感情的な様相を呈する場合がある。

要するに、社会編成の変容に対応して、考古学的言説空間がそれについて節合するダイアグラムが

【安定的社会編成⇕二元論的世界観・価値観⇕社会現象のパターン化・因果関係特定可能性への楽観⇕人文社会科学の自然科学化への楽観】

から

【流動的社会編成⇕世界観・価値観の多元化・断片化・流動化⇕社会現象のパターン化・因果関係特定可能性への悲観⇕科学全般における社会的負荷介在の不可避性認識のたかまり】

へと移行することへの対応として、世界でも日本でも

（1）ミニ・パラダイム乱立傾向
（2）個々のパラダイムが準拠する相互予期、それを保存・媒介する媒体の形式的純化
（3）パラダイム内・間での相互批判の困難化
が進行している。そのことは、両者における
（4）自然科学的方法洗練への特化（たとえば各種同位体分析手法の応用的洗練に特化した研究報告、論文の急速な増大）
という志向性も導いている。以上、ことに（4）は、考古学という領野に媒介されて過去を考察することを通じて現在と未来の自己と社会のあり方を反省的に検討・予測することの可能性を萎縮させる指向性であるといえる。このようなリスクが顕在化し、考古学が、（社会）環境負荷の不可避的介在認識に媒介されて到達した自らの実践の帰結に対する再帰的認識・責任の認識を放棄する、という可能性は無視できない。しかし他方で、世界考古学の言説空間においては、このような潮流に対応・対抗して、考古学的実践を通じての同時代社会への関与の志向性も、広義のパブリック・アーケオロジーの分化により高まっている。新たに開かれたこの言説領野においては、ミニ・パラダイム同士が競い合ってより良いアプローチへの試みを提示し合っているようにみえる（see e.g. Mizoguchi and Smith in press）。また、そのような中から、当然、相互比較、相互批判、そして多様性を認めつつの体系化への志向性もめばえてい

る。そしてその際、3節で述べた理論領野の四位相それぞれについて、明確な言説化への強い志向性を柱とする形式化要求が広く共有されることにより、相互批判的コミュニケーションの回路が制度的に保証されていることの機能的効果はとても大きい。そのことにより、上記のようなリスク、また、社会的言説諸空間を浸食する原理主義的志向性の考古学版、たとえばネオ伝播主義の衣を纏った民族主義・国家主義的考古学や、あらゆる説明・解釈の意味・意義を否定する自然科学方法論至上主義考古学が台頭するリスクは（少なくとも当面は）回避されているといえる。

これに対して、日本考古学の言説空間においては、先にも述べたように、いわば身体化された反理論化＝反言説化志向を基盤として、3節で述べた理論領野四位相それぞれを言説化・形式化する志向性の欠如が顕著であることは否みがたい。それゆえ、上に指摘したような選択負荷の高まり、また、研究者としての自己アイデンティティ維持確保の困難にさらされたとき、ある種原理主義的な極端な対応へと吸引されるリスクが高い。たとえば方法論主義ともいうべき特定分析手法の洗練化への特化志向や、洗練された自然科学的手法により析出された資料の性格付けによって可能となる範囲の人間行動の復原に研究範囲を絞り込む志向性、たとえば計量分類学的型式学実践、微細痕跡解析による動作連鎖復元、同位体分析による食性復元などへの視点・実践の特化傾向は、3節でのべた四位相、すなわち

（α）メタ理論的（議論）領野
（β）一般理論的領野
（γ）中位理論的領野

（δ）実践の領野

における（γ）・（δ）位相において、特定の選択肢に考古学的実践を当初から限定することとなり、結果として

（X）（α）・（β）領域の世界的動向からは孤立し、また、

（Y）考古学的実践の社会的帰結・責任についての議論はコミュニケーション財もしくは思想財としての蓄積継承のための参照枠組みを欠いてケースの雑多な集合となりがちで、

（Z）考古学的歴史叙述においては、そのもたらす可能性のある（時に明確に有害な）社会的帰結について無自覚である。

といった問題的傾向性が生じていることは、これまでも指摘され、私も指摘してきたところである（第2章対談の溝口発言）。これらのような意味で、言説化と形式化という〈理論化〉なしには、日本考古学の未来はリスクに満ちたものとならざるをえないであろう。その点において、三中氏コメントの見解に強く同意する（本書第4章163－166頁）。

8　私の〈社会考古学〉が目指すもの

ここまでくれば、何がなされるべきと私が考えているかは、読者には自明であろう。領野としての考

古学が「健全に」再生産され、〈世界〉との間に節合されたダイアグラムに媒介されて、その複雑性に「適切に」対応することを続けてゆくことが、〈社会考古学〉を標榜するものとしての私の目指すところの基盤である。考古学という領野の環境として立ち現れる〈世界〉が、それに関与・媒介されることによって生きてゆく私たちの最大多数の最大幸福、もしくは最大多数の最小不幸を導くようなエンティティであり続けることにも寄与することが、考古学の存続のミニマムな条件とすれば、上の3節の考古学理論の四位相のうちの（α）メタ理論的領野においては、「良い理論／悪い理論の弁別の基準・尺度」をめぐって、そのような事項が考慮の対象となることは不可避である。（β）一般理論（の選択）領野においては、（α）を適切に参照しながら、根拠明示的に一般理論が選択される。（γ）中位理論的領野においては、選択された一般理論に準拠して仮説が立てられ、資料の分析・パターン析出と仮説との間に、一部検証―問題析出―新資料収集分析―一部検証―問題析出……のサイクルが手続き明示的に展開される。（δ）実践領域のあり方も、（α）から（γ）までの領野との関連性が明示されつつ、（γ）領域との節合の有機性を最大の基準として実際の分析技法の選択がなされることとなろう。

これらを実行するに際して、加速的にグローバル化する（社会）環境の中でいかなる〈コミュニケーション財〉ないしは〈思想財〉をいかに参照するか、は、決定的に重要な意味をもつ。ここでの〈コミュニケーション財〉／〈思想財〉とは、2節で述べたように、（A）用具（特定の仕草、言葉からさまざまな動産的アイテムまでを含み、後者には学術雑誌や専門書などの書籍等も含まれる）、（B）物的空間構成（発掘調査現場、講演会場、会議室、講義室、など）と構成物（それは土の匂いといったモノも含む）、（C）さまざまな（成文化されたもの、されないものを含む）制度により構成される。これらは、それぞれの物質性によって特定の場に根ざす地域性（regionality）を持つが、同時に、グローバル化の進展とミニ・パラダイムごとのグローバル・ネットワーク化により、このような地域性は排他的地域伝統という形態では存在しえなくなってきていることは重要である。言い換えれば、プロセス考古学・ポストプロセス考古学などというかたちで、米英を中心として形成されたコミュニケーション財／思想財が、世界のどこでも、実践、議論の際に参照され、ボーダーレスに共有・再生産されるようになってきているのだ。このことを念頭に日本考古学を振り返るならば、理論化志向とともに、国際化志向を高めることも、そのより良い存続のためには必須、という結論が導かれる。

ここで、あえて「温故知新」的予測を行うことを許されたい。弥生時代中期の北部九州の人々は、〈世界〉の編成・複雑性とそれが節合するダイアグラムの変容に対応して、葬送コミュニケーション領野の存続を支える構造・コミュニケーション財／思想財を変容させた。私たちの購買消費コミュニケーション領野の変容は、ショッピングモール的コミュニケーション財／思想財を前景化させた（溝口 2017）。そして、日本考古学がその中に埋め込まれた〈世界〉の編成・複雑性とそれが節合するダイアグラムの急速な変容（上述）は、弥生時代中期の北部九州の人々や、今日、一般市民としての私たちが経験しているそれとなんら変わるところはない。だとすれば、日本考古学的領野において、領野の存続のための構造・コミュニケーション財／思想財の変容が起こることは不可避である。その際、その「より良い存続」のために、理論化志向・国際化志向の高まりが望ましい、と述べることも、おそらく容認・支持されることであろう。しかし、繰り返し述べてきたように、日本考古学における「反理論化志向」は、世界史に育まれた／強制された地域歴史性を基盤とする強固なコミュニケーション財／思想財として存在し、またその「反言説化志向」によって強固に身体化している。そのため、不可避かつ望ましい理論化・国際化へ過程には、相当な（非言説的・前意識的）抵抗が予測されるのである。またそれは、実際に生起している。それに対する言説的・意識的対応・対抗も、当然創発する／組織されることとなるが、私の考古学的実践も、そのような状況への意識的介入（もしくは抵抗）の試みであると、自ら位置付けている。

9　書かれるべき／かもしれない書物

ここで、これまでの私の実践を、仮想の書物の形に構造化することにより、自らのこのような介入の具体像について確認してみたい。これは、私のこれまでの作業の、解説付きリーディング・リストの提示でもある。

まえがき

Ⅰ　はじめに：本プロジェクトのアウトライン

●Mizoguchi, K. 2006. *Archaeology, society and identity in modern Japan*. Cambridge: Cambridge University Press.（pp. xiii-xv：同書のまえがき。近代史の現段階としての今日において考古学することの意味・意義・含意について、筆者の見解を展開）

Ⅱ　現状認識

●Mizoguchi 2006（pp. 53-81, 121-164：日本を主な素材としての、近代への入り口から今日までの考古学的〈領野〉と〈世界〉との共変動を記述。pp. 121-164では、欧米と日本の社会編成と領野編成の共通性が、グローバル化の進展とともに高まっていることを確認しつつ、今日の考古学的言説編成の情況を検討）

● Mizoguchi, K. 2013. *The archaeology of Japan: From the earliest rice farming villages to the rise of the State*. Cambridge: Cambridge University Press.（pp. 9–25：日本の弥生時代・古墳時代研究史を対象として、コミュニケーション財／思想財の転変を研究史の各フェイズごとに検討し、その具体的メカニズムを提示）

● Mizoguchi, K. 2015. A future of archaeology. *Antiquity* 89(343): 12–22.（世界各地の近代化の軌跡と考古学的実践の現状との相関パターンを、資本へのアクセスの難易、自己アイデンティティ獲得の難易をそれぞれ変数として四象限に整理分類し、世界考古学の言説空間の形成の軌跡と今日的編制につき検討）

● 溝口孝司 2017「社会考古学」『理論考古学の実践1：理論編』（安斎正人編）、pp. 2–30, 東京：同成社（pp. 19–25：ショピングモールが体現するコミュニケーション財／思想財の特質と今日の社会編成の特質との相関性をダイアグラム概念を用いて記述し、今日の社会の言説空間の構造・特質を考古学的に描出）

Ⅲ 理論・方法・資料

● 溝口孝司 1997a「考古学的研究の基本構造に関する一試論：欧米考古学を主要な素材としての分析と提言」『考古学研究』44(1): 51–71（考古学的実践〈領野〉に分化する三位相とその相互関係についての解説）

● 溝口 1998「メタセオリー、一般理論と考古学の場所―山尾幸久氏のコメントを媒介として―」『考古学研究』44(4): 96–103（溝口 1997aで提示した考古学的実践〈領野〉の三位相に「メタ理論的議論の領野」を加えて、（社会的）環境負荷への対応の位相の存在を明確化し、考古学的理論〈領野〉の機能分化の内実につき、さらに詳論）

● Mizoguchi 2006（pp. 35–53：主にニクラス・ルーマンの社会システム理論に依拠しつつ考古学への応用のためにアレンジした筆者自身の「統一理論」的枠組みの解説）

● 溝口孝司 2014a「世界が変わるとき：弥生時代中期の北部九州を素材として」『考古学研究』61

(3): 50–70（ことにpp. 53–55：二列埋葬墓地（列形成指向墓b）から集塊状墓（系列形成指向墓）への移行をケースとしてルーマン理論に主に依拠した理論適用のアウトラインを叙述）

●溝口 2017（ことにpp. 2–10：ギデンズとルーマン理論の総合、加えてドゥルーズ・ガタリの〈ダイアグラム〉概念の導入により、考古学的に応用可能な統一社会理論の枠組みを提示する試み）

Ⅳ　分析・議論

A　今日的領野分析

●Mizoguchi 1997 The reproduction of archaeological discourse: The case of Japan. *Journal of European Archaeology* 5(2): 149–165.（日本考古学的言説空間における日本的マルクス主義考古学の衰退過程の分析）

●溝口 2016「考古学理論の転変と史的背景に関する一試論」『考古学研究』63(3): 85–104（ことにpp. 89–99: 専門分野としての考古学の確立からポストプロセス考古学的フェイズへのコミュニケーション財／思想財の移行過程の分析）

●Mizoguchi, K. 2002. *An archaeological history of Japan: 30,000 B.C. to A.D. 700*. Philadelphia: University of Pennsylvania Press.（ことにpp. 25–48: 今日の日本考古学的言説空間に併存する縄文考古学的・弥生考古学的・古墳考古学的サブ領野それぞれのコミュニケーション財／思想財の構成と来歴と含意について検討）

●Mizoguchi 2006（ことにpp. 81–102: 小学校教科書における検定によって変更された弥生時代―古墳時代過渡期の「想像復原挿絵」分析による〈国家主義的〉・〈天皇制イデオロギー的〉思想財の構成と含意の具体的復原・検討）

B　過去の（＝考古学的）領野分析

●溝口孝司 1997b「二列埋葬墓地の終焉：弥生時代中期（弥生Ⅲ期）北部九州における墓地空間構成原理の変容の社会考古学的研究」『古文化談叢』第三八集：1–40（領野としての葬送コミュニケーション・システムの変容過程を社会環境の変容との相関性の立場から検討（ルーマン理論準拠・応用の明瞭な概念・用語の使用にはまだ踏み切っていない段階の著作））

●溝口孝司 2000「墓地と埋葬行為の変遷：古墳時代の開始の社会的背景の理解のために」『古墳時代像を見なおす：成立過程と社会変革』（北條芳隆・溝口孝司・村上恭通著）、pp. 201–273, 東京：青木書店（領野としてのコミュニケーション・システムが、日常的対面的再生産可能な時空間的範囲・規模を超えるとき、人間諸集団はどのような対応を行うか、について予期構造／コミュニケーション財・思想財の共有・保存メカニズム・媒体の観点から検討。いわゆる威信財システムと〈超越的（予期）参照点〉の生成が、コミュニケーション・システムの広域成層化と有機的に相関することを指摘・モデル化。〈威信財システム〉の創発のメカニズムをコミュニケーション・システム論、ギデンズの構造化論に依拠しつつ説明記述する試み）

●Mizoguchi, K. 2009. Nodes and edges: A network approach to hierarchisation and state formation in Japan. *Journal of Anthropological Archaeology* 28(1): 14–26.（領野としてのコミュニケーション・システムが、日常的対面的再生産可能な時空間的範囲・規模を超えるとき、たとえば古墳時代開始期に、人間諸集団はどのような対応を行うか／行ったか、についてフォーマル・ネットワーク理論の立場から考察・モデル化。〈古墳時代の開始〉という現象を、新たなスケール・出現再現頻度を有するコミュニケーション・システムと媒介ネットワーク形成がもたらした帰結として説明）

●Mizoguchi 2013（弥生時代・古墳時代を主要な対象とし、本論でも該述した理論・方法を用いた総合的歴史叙述。筆者の諸ケース・スタディのエッセンスを集約）

●溝口 2017（pp. 10–25：弥生時代墓地、ブリテン島新石器時代〜青銅器時代前期墓地、ショッピングモールを横断的に対象とし、統一理論としての筆者の枠組みを応用して一貫した分析と、筆者の提唱するバージョンの〈社会考古学〉の目指すところを簡潔に包括的に述べる）

V　展望と提言

●Mizoguchi 2006（pp. 165–169: 個々の言表・発話行為、考古学実践の徹底した反省的言説化・形式化により、相互批判の可能性を広げ、反省的フィードバックをデフォルト化することにより、今日の考古学的言説空間の断片化・流動化の危機に対応することを提唱した。執筆当時は実現可能な戦略と信じていたが、今から考えると、

随分甘い見通しだった。それでは、どうすればよいか？このことについては、今も考察を継続中と申し述べておきたい）

●Mizoguchi 2015（世界的考古学の言説空間の今日的編制について析出した認識に基づき、グローバル・スケールで断片化・流動化・極端（原理主義）化の進む状況の中で、いかなる考古学的コミュニケーション手法／財、思想財の採用が、より良いコミュニケーションの継続と帰結をもたらしうるかにつき私案を提示）

Ⅵ　おわりに

●溝口 2017（pp. 25-27）ならびに本章の内容を含む書き下ろし。〈考古学する〉ことを通じて同時代的状況のなかで適切に体系的に「温故知新」を行うことについて。

10　おわりに：本気で（＝体系的に）「温故知新」することとしての考古学

その環境構成要素が抹消され（たとえば大学においてその研究教育に従事する教員全員が解雇され補充されない）、その維持再生産を支える物的媒体が破壊される（考古学的雑誌や書物の出版が禁止され、既存のすべてのそれらが焚書される）といった真にドラスティックな事態が起きないかぎり、考古学という〈領野〉は存続する。当然のことだ。端的に、そのような領野と、その環境としての〈世界〉と、その物的媒体はすでに存在しているのだから。しかし、そのような領野が存続することによって生じるさまざまな帰結について、その領野そのものが責任を負うことを認識し、諸帰結自体に対してどのように対応してゆくか否かは、その領野を再生産するものの自覚と選択に任されている。また、これまで考察してきたように、考古学・学問的専門領域を取り巻く状況は、個々の領野そのものがその責任を反省的に認識し、その機能の諸帰結自体に介入し、コントロールしようとすることが、さらにどのような帰結を産むのか、の予測を領野として行うことをも要求するようになっている。同時代社会とどのようにかかわるべきか？　それだけではなく、同時代社会とあるやり方でかかわることが同時代社会に導く帰結に、領野としてどのように対応すべきか？　そこまで考える必要が生じているのが、私たちが生きている今日の世界である。

言い換えれば、今日の〈世界〉の複雑性の急激な増大と、グローバル化による今日の社会の〈世界社会化〉（＝ある社会的〈領野〉に影響を与えうる〈自然ならびに社会〉環境の外縁をトレースしてゆくと、領野の地理的境界は無限に拡張して結局世界をカバーすることになってしまう）は、個々の社会的〈領野〉が上記のような、

【反省的自己回帰的メカニズムとその存続の諸帰結への自覚的反省的介入】

をそのプログラムに取り入れないかぎり、〈世界〉そのものが毀損してしまう可能性を日々高めている。このような事態に直面していることを自覚し、反省的再帰的な自己再編成＝理論化へと踏み出すのか？　それとも、そのような事態そのものに無自覚なままに、その身体化・内面化された特性に安住し、その特異性のみに心理的に依存して自足的存在容態を継続するのか？　選択を下すのは／迫られているのは私たち自身だ。筆者は前者の道を選び、そのような道を選ぶことの重要性を、自身の作業を通じて説得的に示してゆくことができることを、また、他者にいくばくかの影響を与えることができることを願いつつ、考古学を続けている。このことを記述すれば、

同時代的状況の中で考古学的実践を通じて適切に体系的に同時代的言説環境・社会編成への介入を

行うために必要な世界観・理論・方法・技術について、恒常的に反省的言説化を行いつつ、それにその都度準拠して「温故知新」としての考古学的実践（＝未来のために今を生きるに際して取りうるより良い選択の可能性を拡張しようとすること）を行う

ということになる。

「温故知新」という、多様な含意に摩耗したフレーズによって締めくくる表出が、諸氏からの学的にあたたかな、示唆に富むコメントへのリコメントたりえていること、また、考古学の／をめぐる今日的状況への介入となりえていることを祈りつつ、本章を閉じる。

参照文献

Binford, L. 1962. Archaeology as anthropology. *American Antiquity* 28(2): 217-225.

DeLanda, M. 2006. *A new philosophy of society: Assemblage theory and social complexity.* London: Continuum.

Deleuze, G. & Guattari, F. 1980. *Mille plateaux: Capitalisme et schizophrénie.* Paris: Éditions de Minuit. 小沢秋広他訳『千のプラトー：資本主義と分裂症（上）』東京：河出書房新社、2010

Giddens, A. 1984. *The constitution of society: The outline of the theory of structuration.* Cambridge: Polity.

Giddens, A. 1990. *The consequences of modernity.* Cambridge: Polity.

Hodder, I. (ed.) 1982. *Symbolic and structural archaeology.* Cambridge: Cambridge University Press.

Luhmann, N. 1984. *Soziale Systeme: Grundriß einer allgemeinen Theorie.* Frankfurt: Suhrkamp. 佐藤勉訳『社会システム論（上）・（下）』東京：恒星社厚生閣、1993

溝口孝司 1995a.「福岡県筑紫野市永岡遺跡の研究：いわゆる二列埋葬墓地の一例の社会考古学的再検討」『古文化談叢』34: 152-192

溝口孝司 1995b.「福岡県甘木市栗山遺跡C群墓域の研究：

北部九州弥生時代中期後半墓地の一例の社会考古学的検討」『日本考古学』2: 69-94

溝口孝司　1997a.「考古学的研究の基本構造に関する一試論：欧米考古学を主要な素材としての分析と提言」『考古学研究』44(1): 51-71

溝口孝司　1997b.「二列埋葬墓地の終焉：弥生時代中期（弥生III期）北部九州における墓地空間構成原理の変容の社会考古学的研究」『古文化談叢』38: 1-40

溝口孝司　1998.「メタセオリー、一般理論と考古学の場所―山尾幸久氏のコメントを媒介として―」『考古学研究』44(4): 96-103

溝口孝司　1999.「ポストプロセス考古学」安斎正人編『用語解説現代考古学の方法と理論Ⅰ』pp. 165-171，東京：同成社

溝口孝司　2000.「墓地と埋葬行為の変遷：古墳時代の開始の社会的背景の理解のために」北條芳隆・溝口孝司・村上恭通『古墳時代像を見なおす：成立過程と社会変革』pp. 201-273, 東京：青木書店

溝口孝司　2014a.「世界が変わるとき：弥生時代中期の北部九州を素材として」『考古学研究』61(3): 50-70

溝口孝司　2014b.「古墳時代研究とアイデンティティ」北條芳隆・福永伸哉・一瀬和夫（編）『古墳時代の考古学10：古墳と現代社会』pp. 9-25, 東京：同成社

溝口孝司　2016.「考古学理論の転変と史的背景に関する一試論：欧米考古学を主要な対象としての分析と提言」『考古学研究』63(3): 85-104

溝口孝司　2017.「社会考古学：理論と実践」安斎正人（編）『理論考古学の実践1：理論編』pp. 2-30, 東京：同成社

Mizoguchi, K. 1993. Time in the reproduction of mortuary practices. *World Archaeology*, 25(2): 223-35.

Mizoguchi, K. 1997. The reproduction of archaeological discourse: The case of Japan. *Journal of European Archaeology*, 5(2): 149-165.

Mizoguchi, K. 2002. *An archaeological history of Japan, 30,000 B.C. to A.D. 700*. Philadelphia: University of Pennsylvania Press.

Mizoguchi, K. 2006. *Archaeology, society and identity in modern Japan*. Cambridge: Cambridge University Press.

Mizoguchi, K. 2009. Node and Edges: A network approach to hierarchisation and state formation in Japan. *Journal of Anthropological Archaeology*, 28(1): 14-26.

Mizoguchi, K. 2013. *The archaeology of Japan: From the earliest rice farming villages to the rise of the state*. Cambridge: Cambridge University Press.

Mizoguchi, K. 2014. The centre of their life-world: the archaeology of experience at the Middle Yayoi cemetery of Tateiwa-Hotta, Japan, *Antiquity*, 88(341): 836–850.

Mizogchi, K. 2015. A future of archaeology. *Antiquity*, 89: 12–22.

Mizoguchi, K. & Smith, C. in press. *Global Social Archaeologies: An Introduction*. London: Routledge.

Shanks, M. & Tilley, C. 1987a. *Re-constructing archaeology: Theory and practice*. Cambridge: Cambridge University Press.

Shanks, M. & Tilley, C. 1987b. *Social theory and archaeology*. Cambridge: Polity.

あとがき

田村光平・有松　唯

考古学は過去の世界、社会、人の営み全般を復元する。遠い過去の出来事なので、直接の観察も、当事者へのインタビューもできない。関連する現象を観る視座と、検証可能なかたちでの論理的復元の方法論が求められる。プロセス考古学とポストプロセス考古学は、その両面において、ともに一大潮流を成してきた。考古学の精度と範疇を更新する試みであり、考古学という学問領野を抜本的に革新する思考の体系だったからだ。しかし、日本国内では、個々への理解も相互の違いも、ひいてはこの革新性も長らく認識されてこなかった。知る専門家は一定数いたにもかかわらず、そして何より重要なことに、それぞれの体系を第一人者から直に習得した日本人研究者がいるにもかかわらず。

「突如として二人の対話が企画され実現したことに率直な驚きと疑問を抱いた」（第3章、126頁）という大西の所感は、多くの読者・関係者が共有するところかもしれない。内幕をさらせば、本対話の企画と実現は、主催者一同のシンプルな動機に基づいて実施された。すなわち、プロセス考古学とポストプロセス考古学の国内第一人者どうしの対話を一度この目で見てみたいという、動機というよりも欲求と称すべきような思いが第一にあった。他のどなたかが実施してくださるというのであれば、嬉々として聴衆となるのみであったが、その気配もなければ、前例すらない。それはなぜかを問う前に、誰も実現させてくれそうもないので自分たちで実現させるしかないと踏み切った結果が、この対話であり、本書である。

こうした経緯であったため、主催者一同、「なぜ今」という問いかけ、そして「なぜこれまで実現されなかったのか」ということに対しても、確固たる考えや信念を申し上げられる立場にはない。代わって、本書中で、何人かが言及をしてくれている。そこからうかがえるのは、これまでこうした対話が実現しなかったこと自体が、プロセス考古学、ポストプロセス考古学双方の、考古学という学問体系の中での位置付けが、日本国内で適切に理解されていないこと、そしておそらくこのことは、日本における考古学のありようの何かしらを反映しているのではないかということである。何かしらが何であるのかは、本書の中でもたびたび触れられているため、ここでは指摘するに留めておこう。

本書では、プロセス考古学とポストプロセス考古学のいわば学史的な位置付けを中心に扱ってきた。一方で、両者はその後さまざまな派生形を生み出している。ここではその派生形を少し取り上げておこう。まずは、プロセス考古学の影響を受けて成立した研究プログラムとしての、進化考古学（ダーウィン考古学）である（e.g., Shennan 2012）。プロセス考古学の後継とはいえ、進化考古学には、本書で多くとりあげられているルイス・ビンフォードよりも、デビッド・クラークからの思想的影響が色濃い（e.g., Lycett and Shennan 2018）。

進化考古学は、ダーウィンの進化理論を文化現象へより「直接的に」当てはめる。文化の情報システムとしての側面を強調し、文化の変化を、「変化を伴う由来」という継承プロセスの帰結として考える。

こうした文化の捉え方は、一九七〇年代後半、人類学者や遺伝学者によって定式化され、「文化進化」とよばれている（Cavalli-Sforza and Feldman 1981; Boyd and Richerson 1985）。本書で阿子島や大西が紹介した文化進化論とは、系譜的にも、内容的にも異なっていることに注意されたい。本書の執筆者のひとりでもある井原は、これを、「現代的な文化進化研究」とよんでいる（井原 2017）。つまり、進化考古学は、「現代的な文化進化研究」を概念整理の核に据える。「現代的な文化進化研究」は、さまざまな文化伝達過程の数理モデルを構築し、文化伝達プロセスの違いが文化の変化パターンに及ぼす影響を検討してきた。進化考古学は、数理モデルに用いることで、データからのパターンの要約のみならず、プロセスの推定まで一貫した枠組の中で行っている。こうしたアプローチにより、数理モデルで仮定を明示するとともに、複数の対立する仮説の妥当性を量的に比較することも可能になる（井原 2017; 田村 2017）。

また、技術的発展による数理的手法の導入例として、三次元計測と幾何学的形態測定学についても触れておこう。近年、三次元計測が普及する一方で、データの解析方法が課題の一つとなった。その中で注目されている手法が幾何学的形態測定学である。もともとは生物の形態を分析する手法だが、考古学データへの応用が増えつつある（田村ほか 2017; 田村・松木 2017）。この手法により、個々の遺物の形態の類似度を量的に比較できる。幾何学的形態測定学そのものは、パターン認識の手法である。つまり、パターン認識としての幾何学的形態測定学それ自体は、ミドルレンジ・セオリーの代替にはなりえない。観察しているパターンを生み出したプロセスの特定は、今後、今以上に議論されるようになるだろう。

数理モデルや定量的なデータ解析が、プロセス考古学と親和的であったということは、歴史的には正しいだろう。しかし、ポストプロセス考古学が、このような手法と（原理的に）相容れないかといえばそうともいえない。たとえば、溝口は、社会学のネットワーク分析を援用し、古墳時代の集団間の関係性を定量的に分析している（Mizoguchi 2009）。対談中で、溝口と阿子島の両者に共通していたスタンスの一つは、パターンの認識とプロセスの推定（あるいは解釈）の分離である。であれば、定量的解析とポストプロセス的な発想・研究のゴールは、必ずしも相容れないものではない。パターン認識の方法が多様であれば、多様な情報をデータから汲み出し、多角的な視点からの分析が可能になる。上述した三次元計測も、資料が持つ情報をできるかぎり残してデータ化する試みの一環である。最終的には、これまで以上に多くの人間が、上質なデータにふれることで、多様な視点から多様な解釈を生むことにつながるはずである。結局、一口に数理的・定量的解析といっても、その役割は、研究プログラムやコミュニティごとにさまざまである（e.g. Mithen 1994）。数理的・定量的解析について有益な議論を行うには、こうした多様性を考慮することが必要だろう。

ポストプロセス考古学が拓いた物質文化研究についても、新たな地平が深化されている。物質文化の象徴的側面への着目は、ポストプロセス考古学が提起した視座である。ここでは、その中で、マテリアリティについて取り上げよう。物質の存在の仕方は社会や文化ごとに異なる。その意味で、物質は社会的な存在である。固有の意味に満ちた物質とのかかわりの中で社会が解釈され、存在する。こうしたマテリアリティ論の視点に立てば、人間と物質とのかかわり方の中で物質の意味を解釈することなしに、物質文化を通して過去の社会を理解することは不可能である。遺物の型式や交易圏自体に普遍的な意味はない。もしまったく同じ素材・形状の遺物、そして同様の交易圏があったとしても、当時のコンテキストが異なれば意味内容は変わる。過去の人々が物質文化とかかわる中、そして物質を介して他者とかかかわる中で、型式や交易圏をどのように認識し、意味を見出したのかを解釈しなければ、適切な理解はできない。過去の人々が物質といかにかかわり合ったのか、物質をどのように認識していたのか、同時に、人間関係を規定あるいは醸成するものとしての物質の機能も研究の対象となっている。近年ではこうした見方を拡大し、もっぱら人に属すると考えられていた行為主体性（エージェンシー）を物質にも想定していく試みもなされるようになっている（Olsen 2010）。

こうした視点は、過去社会における人々の認知やコミュニケーション、そして、個人とその日々の実践への着目を促した。そこでの個人は、意思と想像力を持ち、社会や文化、環境を変化させる行為の主体として現れる。社会は、先天的な構造としてあるのではない。個々人が他者との関係を、さまざまな物質を交えた実践を経て経験し、そのコンテキストを構成する人や物質との関連の中で理解することで築かれる。

物質、人、社会へのこうした見方は、過去社会に対する動的で、柔軟な研究視点をもたらした。それは、社会構造から個人レベルの活動へという、マクロからミクロへという照準の変化と捉えられがちであった。実際は、社会を再生産し、変化させる主体的で創造的な存在としての個人を過去社会にも見出し、ひいては、社会や文化の流動性を前提として、過去の事象を捉える視座を浮かび上がらせている。

この視座に則れば、普遍性や共通項よりも、地域ごとの文脈や、相違への着目が重要となる。かつ、社会のリーダーを中心に据えた、トップダウンの社会変化観を脱却し、名もなき個々人の、日常生活こそが、社会構造の構築と変革を左右する。従来の考古学で自明とされてきた視点を転換し、これまで看過されてきた側面への視点が確立されつつある。

考古学データから、こうした個々人のミクロレベルの活動や認知レベルにアプローチすることの方法論的限界は、いまだに払拭しきれてはいない。とはいえ、今では、民族学や人類学、社会学の知見やデータを組み合わせた分析手法はすでに定石となっている（有松 2015）。認知心理や脳科学分野の知見との統合も早晩普及していくことになるだろう（e.g. Renfrew, Frith and Malafouris 2009）。考古学が過去の人間活動のあらゆる側面を復元し説明する学問分野である以上、人に関するあらゆる分野の知見を統合していくことは必然である。そして、多様な知見との統合をしうるよう、考古学自身が他分野と歩調を合わせて変容していくことも、また必然である。今後は、考古資料の測定、分類、分布範囲の抽出などにおいて、諸分野の知見と統合しうるようなかたちでのデータ化、そしてよりミクロなレベルでの精緻な分析が前提となる。多様なデータを複合した重層的・多角的な解析が必要となる中で、上述した数理的手法は、こうした文脈でも、いっそうの必要性をもって求められるようになっていくだろう。

他分野の変化に伴って、考古学も変化しなければならない。プロセス考古学とポストプロセス考古学はそのことを鮮やかに体現し、考古学を大局的に押し上げた。その功績のうえで考古学に携わる研究者の責務は、ただ単に双方の思考を受け継ぎ実践することではなく、さらなる革新を探求し、実現させ、考古学を変化させ続けていくことである。そして現に、上記のように、さまざまな試みがなされている。世界の見方は多様になり、考古学の範疇は拡大し続け、方法は日々刷新されている。自身の取り組みを研究と称するのであれば、多様なアプローチの中での自分の思考と方法の位置を認識できなければならないし、刷新の速度に足並みを揃えられなければならないし、何より、知の蓄積に貢献できなければならない。読者の多数を占めるであろう、日本で考古学やその関連分野に携わる専門家にとって、本書がその一助となれば幸いである。

参考文献

有松唯．2015.『帝国の基層――西アジア領域国家形成過程の人類集団』仙台：東北大学出版会

Boyd, R. and Richerson, P. J. 1985. *Culture and the evolutionary process*. Chicago: University of Chicago Press.

Cavalli-Sforza, L. L. and Feldman, M. W. 1981. *Cultural transmission and evolution: A quantitative approach*. Princeton: Princeton University Press.

Shennan, S. 2012. Darwinian cultural evolution. In: I. Hodder (ed.) *Archaeological theory today 2nd edition*. Cambridge: Polity Press, pp. 15–36.

井原泰雄．2017.「現代的な文化進化の理論」中尾央・松木武彦・三中信宏（編）『文化進化の考古学』pp. 1–34

Lycett, S. J., and Shennan, S. J. 2018. David Clarke's Analytical Archaeology at 50. *World Archaeology*, 1–11.

Mithen, S. 1994. Simulating prehistoric hunter-gatherer societies. In: N. Gilbert and J. Doran (eds.) *Simulating societies: The computer simulation of social phenomena*. London: Routledge, pp. 165–193.

Mizoguchi, K. 2009. Nodes and edges: A network approach to hierarchisation and state formation in Japan. *Journal of Anthropological Archaeology* 28(1): 14–26.

Olsen, B. 2010. *In defense of things: Archaeology and the ontology of objects*. New York: Altamir Press.

Renfrew, C., Frith, C., and Malafouris, L. Eds. 2009. *The sapient mind: Archaeology meets neuroscience*. New York: Oxford University Press.

田村光平・有松唯・山口雄治・松本直子．2017.「遠賀川式土器の楕円フーリエ解析」中尾央・松木武彦・三中信宏（編）『文化進化の考古学』pp. 35–62

田村光平・松木武彦．2017.「幾何学的形態測定学による前方後円墳の墳丘形態の定量的解析」中尾央・松木武彦・三中信宏（編）『文化進化の考古学』pp. 63–88

田村光平．2017.「文化進化研究の展開：過去と現在、考古遺物と実験室をつなぐ」『現代思想』（特集＝変貌する人類史）2017(6), pp. 205–217. 東京：青土社

ラ　行

ワ　行

マ　行

ヤ　行

タ　行

サ　行

索　引

Archaeology, society and identity in modern Japan（Cambridge University Press, 2006）, *The archaeology of Japan: From the earliest rice farming villages to the rise of the state*（Cambridge University Press、2013）など。

三中信宏（みなか・のぶひろ）　第４章
1958年生。東京大学大学院農学系研究科博士課程修了。博士（農学、東京大学）。現在は国立研究開発法人農業・食品産業技術総合研究機構農業環境変動研究センター専門員および東京農業大学農学部客員教授。専門は進化生物学・生物統計学。主な業績に『文化進化の考古学』（勁草書房、2017 年）、『思考の体系学』（春秋社、2017 年）、『系統体系学の世界』（勁草書房、2018 年）、『統計思考の世界』（技術評論社、2018 年）など。

archipelago. *Journal of World Prehistory*, 27(3-4): 277-293 など。

菅野智則（かんの・とものり）　第２章、第５章
1976年生。東北大学大学院文学研究科博士後期課程単位取得退学。博士（文学、東北大学）。現在は東北大学埋蔵文化財調査室特任准教授。専門は考古学。おもな業績に「北上川流域における縄文時代前期環状集落に関する研究」『国立歴史民俗博物館研究報告』208: 83-111（2018年）、「東日本の縄文文化」『〈歴博フォーラム〉縄文時代 その枠組・文化・社会をどう捉えるか？』pp. 70-89（山田康弘編、吉川弘文館、2017年）、「東北縄文集落の姿」『北の原始時代』pp. 100-132（阿子島香編、吉川弘文館、2015年）など。

田村光平（たむら・こうへい）　あとがき
1985年生。東京大学大学院理学系研究科博士課程修了。博士（理学、東京大学）。現在は東北大学学際科学フロンティア研究所助教。専門は人類学・文化進化。主な業績に、Tamura and Ihara. 2017. Quantifying cultural macro-evolution: A case study of the hinoeuma fertility drop. *Evolution and Human Behavior*, 38: 117-124 など。

中尾央（なかお・ひさし）　第１章、第２章
1982年生。京都大学大学院文学研究科博士課程単位取得退学。博士（文学、京都大学）。現在は南山大学人文学部准教授。専門は自然哲学・人間進化。主な業績に Nakao, H. 2018. A quantitative history of Japanese archaeology and natural science. *Japanese Journal of Archaeology*, 6(1): 1-20. Nakao, H. et al. 2016. Violence in the prehistoric period of Japan: The spatiotemporal pattern of skeletal evidence for violence in the Jomon period. *Biology Letters*, 12: 20160028 など。

溝口孝司*（みぞぐち・こうじ）　第２章、第７章
1963年生。ケンブリッジ大学大学院博士課程修了。Ph.D. 現在は九州大学大学院比較社会文化研究院教授。専門は社会考古学。主な業績に *An archaeological history of Japan: 30,000 BC to AD 700*（University of Pennsylvania Press, 2002),

執筆者紹介（50 音順、＊印は監修者）

阿子島香＊（あこしま・かおる）　第 2 章、第 6 章
1955年生。ニューメキシコ大学大学院博士課程修了。Ph.D. 現在は東北大学大学院文学研究科教授。専門は考古学。主な業績に『石器の使用痕』（ニューサイエンス社、1989 年）、『北の原始時代』（編著、吉川弘文館、2015 年）、Akoshima, K. and Y. Kanomata 2015 Technological organization and lithic microwear analysis: An alternative methodology. *Journal of Anthropological Archaeology*, 38: 17-24. など。

有松 唯（ありまつ・ゆい）　あとがき
1983年生。リヨン第 2 大学博士課程修了。古代世界言語・歴史文明学博士号。現在は UNESCO Communication and Information Sector Junior Professional Officer. 専門は考古学。主な業績に『帝国の基層』（東北大学出版会、2016 年）など。

井原泰雄（いはら・やすお）　はじめに
1971年生。東京大学大学院理学系研究科博士課程修了。博士（理学、東京大学）。現在は東京大学大学院理学系研究科講師。専門は進化人類学。主な業績に、「『人間性』の起原と文化伝達」『Mobile Society Review 未来心理』15: 40-49（2009 年）、Ihara, Y. 2011. Evolution of culture-dependent discriminate sociality: A gene-culture coevolutionary model. *Philosophical Transactions of the Royal Society B*, 366: 889-900,「現代的な文化進化の理論」『文化進化の考古学』（中尾他編、勁草書房、2017 年）など。

大西秀之（おおにし・ひでゆき）　第 3 章
1969年生。北海道大学大学院文学研究科博士課程単位取得退学。博士（文学、総合研究大学院大学）。現在は同志社女子大学現代社会学部教授。専門は人類学。主な業績に『トビニタイ文化からのアイヌ文化史』（同成社、2009 年）、『技術と身体の民族誌：フィリピン・ルソン島山地社会に息づく民俗工芸』（昭和堂、2014 年）、Ōnishi, H. 2014. The formation of the Ainu cultural landscape: Landscape shift in a hunter-gatherer society in the northern part of the Japanese

ムカシのミライ
プロセス考古学とポストプロセス考古学の対話

2018年10月20日　第1版第1刷発行

監修者　阿子島　香
　　　　溝口　孝司

編集協力　田村　光平
　　　　　中尾　央

発行者　井村　寿人

発行所　株式会社　勁《けい》草《そう》書房

112-0005 東京都文京区水道2-1-1　振替　00150-2-175253
（編集）電話 03-3815-5277／FAX 03-3814-6968
（営業）電話 03-3814-6861／FAX 03-3814-6854
平文社・松岳社

ISBN978-4-326-24849-0　Printed in Japan